中国未来十大工程

吴九辅　著

陕西出版传媒集团
陕西科学技术出版社

图书在版编目（CIP）数据

中国未来十大工程/吴九辅著.—西安:陕西科学技术出版社，2014.1

ISBN 978-7-5369-6062-6

Ⅰ.①中…　Ⅱ.①吴…　Ⅲ.①基础设施建设—研究—中国　Ⅳ.①F299.24

中国版本图书馆 CIP 数据核字（2013）第 321521 号

中国未来十大工程

出版者　陕西出版传媒集团　陕西科学技术出版社
西安北大街 131 号　邮编 710003
电话（029）87211894　传真（029）87218236
http://www.snstp.com

发行者　陕西出版传媒集团　陕西科学技术出版社
电话（029）87212206　87260001

印　　刷　陕西金和印务有限公司

规　　格　787mm×1092mm　16 开本

印　　张　14.75

字　　数　260 千字

版　　次　2014 年 1 月第 1 版
2014 年 1 月第 1 次印刷

书　　号　ISBN 978-7-5369-6062-6

定　　价　69.80 元

内容提要

我国经济高速发展，经济实力日益雄厚，已有条件、有能力彻底改善我国基础设施，夯实国力基础。一些重大工程已摆在我们面前，本书就是将国家近远急需的十大工程做了阐述。十大工程有：①引雅、五江河相济北上，最西线南水北调工程，克服西北干旱现状，增加耕地面积；②北水南调工程；③莱—胶运河工程；④东水济疆工程；⑤我国西南印度洋孟加拉湾水汽通道工程；⑥琼州海峡海底隧道工程；⑦渤海海峡海底隧道工程；⑧台湾海峡海底隧道工程；⑨环疆大铁路工程；⑩南海人工珠链港岛工程。十大工程关系我中华民族生存发展、富民强国、巩固国防的伟大基础工程、永垂千秋的工程。本书图文并茂、深入浅出，可供广大热心祖国未来的青少年、广大群众参阅，也可供规划设计人员、在校学生、政府官员阅读参考。

序 言

中国人正在做“中国梦”，圆“中国梦”。提起梦，想起几年前登西岳华山，那天登到峰顶，已是星斗满天，天河熠熠，只好下榻西峰山顶宾馆。刚入睡，东南方向闪响一道金光，在仿佛中看到从东峰下棋亭的方向，飘逸走来一位老者，童颜鹤发，满面春光，手中捏有一无字棋子，身着铁衣，来到眼前，我静眸细看，这不是陈抟老祖吗？我尊称问道：老祖你有何赐教？老祖说：再过几年将有两位巨人共擎一盏写有梦字的中国红灯，莅临神州，带领你们越过五座大山，以强健的步伐，奔向彩云飞渡的平安大道，你可以将你喜欢的一张火炬图，凝阅九百九十九天，圆一个梦。我疑，请老祖详释。老祖亦道：天机不可泄露，汝自禅悟。语毕飘然而逝。我后来几年都困惑着，我在写这本书时，一次又在看我国地图时顿时昭悟：这不就是我写的“中国未来十大工程”吗？我在做中国一个具体的梦。

人类个体之所以称为人，是因他有社会，他有梦想。梦想是人类进步的先导，梦想是人类进步的动力。我们中华民族，伟大的祖国正在做走向小康之梦、走向富强之梦，走向民主和法制的中国之梦。如今人类正在快速进步，已拥有物质世界、精神世界和虚拟世界，人们在这三大世界里渡享着人生。当然国界的存在，还会有相当长而持久的时间，而现在其领疆的发展，除有领土、领海、领空，还有领天、领网，组成五大领疆。历史上特别是在近代，我们曾失去，或无视了领海，在蓝色的革命中，有过很大的失误，至今还在品嚼其苦果。我们已重视了领天，正如我写的一首诗就是其写照。

千人一杆枪，万人一挺炮。
亿人作演员，百人作编导。
十三亿赤睛，齐眦圣火烧。
洗百年耻恨，挺起钢铁腰。
蓝色已误逝，太空逞英骄。

航天，这是我们值得庆幸和自豪的。当然更应重视领网这一领疆，而这些领疆的基础仍然是领土，领土是我们赖以生活的物质实体，我国山河壮丽，既有肥沃的良田万顷，也有的荒脊山川，它更有发展的强烈需求。要加速改善我国的基础条件，夯实国力的基础，创造持续发展的条件，这是一项伟大的历史任务。创新思维、大胆设想、敢于幻想，幻想是梦想的延现，设想是幻想的现实，创新是设想的结果。同样没有幻想、设想、创新的民族是一个没希望的民族，可以讲这十大工程应是梦想、幻想、设想、创新的思维产物。

十大工程的首项工程是最西线南水北调。以雅鲁藏布江为主水源，五大江河连通相济北上西行引水工程。这是一项实现自流，将丰沛的雅鲁藏布江水从南向北调配，使干渴的西北、甘肃河西走廊及新疆东部，得到甘露的滋润，造就 1 亿 5000 万亩（1 亩≈$666.7m^2$）耕地，上千万人就业，改善我国基本国土条件。这是一项伟大的历史性工程。

第二大工程是北水南调。将丰盈的黑龙江上游的额尔古纳河、嫩江之水向南及向西引水，改变内蒙古东南、中北部的缺水状况，提出了珠链式地面“坎儿井”工程，解决科尔沁沙地、浑善达克沙地、二连盆地乃至北京的水源问题，改善内蒙古中南部、北京及华北北部的环境条件。

第三大工程为开筑莱州湾至胶州湾运河工程。沟通渤海黄海。达到缩短航道、节省时间、快速反应的海航目的。

第四大工程是利用东部江河水、海水溉济新疆的水利工程。造就多个能产香又甜葡萄的葡萄沟，改善新疆水生态。

第五大工程是构造西南印度洋孟加拉湾水汽通道工程。将孟加拉湾季风湿气流引入我国滇川贵相关区、金沙江中游流域，解决其缺雨，特别是近年的严重干旱问题。

第六、第七、第八大工程为琼州海峡、渤海海峡、台湾海峡海底隧道工程。琼州海峡海底隧道工程可将海南岛直接连接大陆，促进海南发展，成就二三铁路大动脉工程（从内蒙古二连，通过我国中部，到海南三亚南北纵向大铁路）。渤海海峡海底隧道工程是连接山东半岛与辽东半岛的便捷工程，可以促鲁、辽的融合发展，以促进华东、东北的发展。台湾海峡海底隧道工程，适应海峡两岸的交流、经济大发展的需要，促进两岸融合，早日实现统一大业、这一历史性工程，使胴体(大陆）和肾（台湾），血脉相连，生机勃勃，健康代谢。

第九大工程为环疆大铁路工程。为了发展经济、巩固国防，促进边疆不发达地区的进步，应修建和完善环疆大铁路工程，对于强化国防、支援边疆贫穷地方、改善民生、加强民族团结意义重大，是国防的有力保障。同时提出了重要铁路改置建议，如完善进疆的京乌线、川新铁路（包括格尔木至库尔勒，从成都至格尔木共同组成的川新铁路）、漠（河）包（头）铁路、漠（河）抚（远）铁路、抚大（连）铁路、新藏（新疆和田至拉萨）铁路、藏滇（拉萨至昆明）铁路、京北铁路等。

第十大工程为南海人工岛链工程。为开发南海，巩固和收复海岛、滩礁，保护宝贵资源，促进旅游，保护海南环境，加强国防建设，开辟天堂般的度假胜地的南海珠链人工岛屿工程。可采用制造大型成套，装修完整的水泥舰船，拖入南海诸点，人为搁浅、抛锚、定位人造浮动陆地，建成南海岛链工程，让美丽清馨的南海天堂为国人服务。

这些巨大的工程是最大民族的利益，家族的长远利益，也是后代发展的根基，让我们携起手来为完成这十项伟大工程，为祖国的强盛，为实现这历史性工程贡献自己的青春和力量。

由于自己使用的仪器、设备有限，掌握的资料也不够丰富精准，因为这是梦想、设想，只当是抛砖引玉，唤起国民、公务人员的兴致。当然肯定有些观点、提法，甚至内容会有偏颇，欢迎专家、读者指正、议论、修正。

我长期在科技第一线工作，人生也很坎坷，但脚步踉踉跄跄向前奔，风雨当作洗礼，彩虹不一定属于我，而心悦的是长虹带来了大地天空的绚丽。正如《科学时报》给我做了一个结论，我是“立体空间行走的人”(学航空航天，掉在了地面，后又钻入了地下；生于北京，南京上学，东京留学进修，西京（西安）工作)，长期以来除了业内工作，对自然地理饶有兴趣，光是大型地图就有200张之多，一看地图几小时不离，不知饥渴，我妻子渠小玲说我有神经病，但我越看越有兴趣，图中自有“黄金屋”，图中自有“颜如玉”，且延伸到喜欢旅行，不管是出差、旅行，喜欢观察思考，甚至从地貌、颜色就能判断到了什么地方，于是在退休之后，有了自己的时间，不再接受科技的项目和繁重的教学任务，虽然已经出版了十多部专著，提出了两个理论，发表论文100多篇，获国家专利15项已产业化12项，产生经济效益70多亿元。多次获省部级、国家级科技奖励。而当今又进入新的领域，经过十几年的积累和努力，此书总算止笔告成，想以此奉献给广大读者，我想适合青少年、科技工作者、政府官员、学生阅读。我更希望，就是将来我回归大地，成为粪土，这些工程都能一一实现，到那天，“家祭无忘告乃翁”呵。

在此书成书过程中得到陕西社科院经济研究所原所长吴嘉本研究员、战略学者吴俊卿先生的诸多宝贵建议，还有西安石油大学阮岩老师、西安水务集团规划设计研究院研究生闫亚妮、西安天程仪表自动化研究所专家李岳武、李志勇做了大量资料收集处理辑撰工作，在此一并表示感谢。

吴九辅

2013 年于古都西安

谨以此书

献给我亲爱的祖国

目　录

没有水，就是干旱，就会荒凉，而西部可利用的土地很少——西藏地势太高而且寒冷；青海地势高，只有柴达木盆地低一些，但海拔都在2300m以上，发展农业除受水限制外，还受到高寒的限制，无霜期短，农业发展潜力不大；而甘肃河西走廊地势较低，大都在1600m以下，而且有一些丰饶的绿洲，如张掖和武威，地势相对较平缓，有很好的农耕经验。河西走廊可利用土地大约4万km^2（约6000万亩），相当甘肃总面积的1/10，甘肃大部分为荒漠、冲积扇。点点绿洲可种小麦、棉花、玉米、蔬菜等作物，而且河西走廊绿洲都是农业发达区，商品粮基地。而新疆哈密地区可利用达6万km^2（近1亿亩），而且海拔在800m以下。如果每亩每年浇水360m^3水，相当年降水量540mm，就可保证农业作物的生长的需要。360m^3×16000万亩=360×1.6亿=576亿m^3水，如果有这么多水引过来，就可以造就1.6亿亩农田。因此中国农业发展潜力在西北，核心问题是干旱，解决干旱问题，就是如何解决水的问题。这可以分三步走：第一步先解决河西走廊的干旱，造就6000万亩农田。第二步解决新疆哈密地区上亿亩农田。也就是第一步要0.6亿×360=216亿m^3的水，第二步要解决新疆360亿m^3水的问题。第三步解决南疆0.5亿多亩水浇地，即要解决180亿m^3水的问题。第一、二步，要576亿m^3的水，第三步要180亿m^3水，以雅鲁藏布江为主水源，再由五大江河相济解决，以第一条引水隧道为第一步。更远一点应再修一条引水隧道，共计引水756亿m^3水。

1.2 巨大的意义、浩瀚的工程

中国本来就是自然灾害频繁发生的国家，每人平均拥有耕地，在世界上排名是很靠后的，而中国政府已制定了中国耕地的红线是18亿亩。中国目前还有18亿亩吗？必须认识到这18亿亩是我中华民族活命的护身符，每个有良知的中国人都应认识到这一点，这是我们子孙后代赖以生存的命根子，特别是我们有些领导干部，不要光去搞土地财政，只顾自己一时的政绩，一时的GDP，一时繁荣的面子工程，中国人的生存红线是最大的政治、最大的民生、最大的宏德。过去非常富饶高产的长江三角洲、珠江三角洲，还有多少良田留下？过去是良田万亩包围村庄，今天是高楼大厦厂房遍地，只剩下了点点绿地。为此我们必须寻求我国发展之路，走我们的路。

促进农业有两个途径：一个是改良品种，像我国水稻之父袁隆平先生的伟大贡献，实际上相当于使我国耕地扩大10%，相当于国土扩大至20%。

还有就是耕作技术，如地膜覆盖技术，应用就非常广泛，能够增产、高产，其作用之大，不可估量。

由于发展经济、发展城镇，损失大量土地，如何加以补偿，还得从我国960万km^2的范围里去找。改造大片的干荒之地，增加耕地面积，所以最西线南水北调，五大江河联通相济就是个根本办法、好办法。

西北新疆、甘肃、宁夏有215.6万km^2，占全国土地的22%。其中可用荒漠地约15万km^2（2.25亿亩）。而新疆荒漠大都在海拔800m以下，甘肃河西走廊大都在海拔1600m以下，纬度适中，荒漠大部分地势平坦或平缓，很多是冲积扇，有些地方稀疏地长着芨芨草、骆驼刺等耐旱植物。如图1–5所示的小坡地、图1–6的长有稀稀耐旱草灌的冲积扇地。很多地方是坦荡的荒漠旱原，如图1–7所示，远处有小块的绿洲。

图1–5 长有芨芨草等耐旱植物的小坡地

图1-6 长有稀稀耐旱草灌的冲积扇地

图1-7 坦荡的荒漠旱原

这些地方非常干旱，雨量极少，蒸发量大，有的达1600~3000mm，真是干渴至极。但只要有水就会成为绿洲，人们讲“金张掖，银武威”，就是因为有了水，成为富饶之地。人们更是希冀：“如果有了水，除了金张掖银武威，河西走廊比苏杭美，像张掖的土豆有的一个就0.5kg多，洋葱一个接近0.4kg。还有新疆孔雀河边长的瓠子长1.4m，大黄瓜一个2~2.5kg重，相当普遍。”如果造就更多的黑河（甘肃张掖主要河流）和石羊河（武威民勤的主要河流），也就解决了河西走廊的干旱问题，将形成绿洲连片，良田无垠。图1–8为河西走廊绿洲的草原风光，绿草茵茵，肥壮的羊群如白云，远处绿洲大田，油菜花正烂漫开放，一片金黄，仿佛散发着了阵阵油菜花的清香。在绿洲中心地区，绿野阡陌，农舍点点，好一派塞外江南美景，见图1–9。

然而，绿洲只是在千里旱漠上的星星点点，而河西走廊到处缺水，如图1–10所示，是缺水后龟裂的田畴，大片沙漠不断侵蚀着良田，形成人进沙进，沙进人退，所以要救救河西走廊，问题还是水、水、水。

图1–8 绿草茵茵，油菜花儿黄又香，草原羊群肥又壮

图1-9　农舍点点，好一派塞外江南美景

图1-10　救救河西走廊

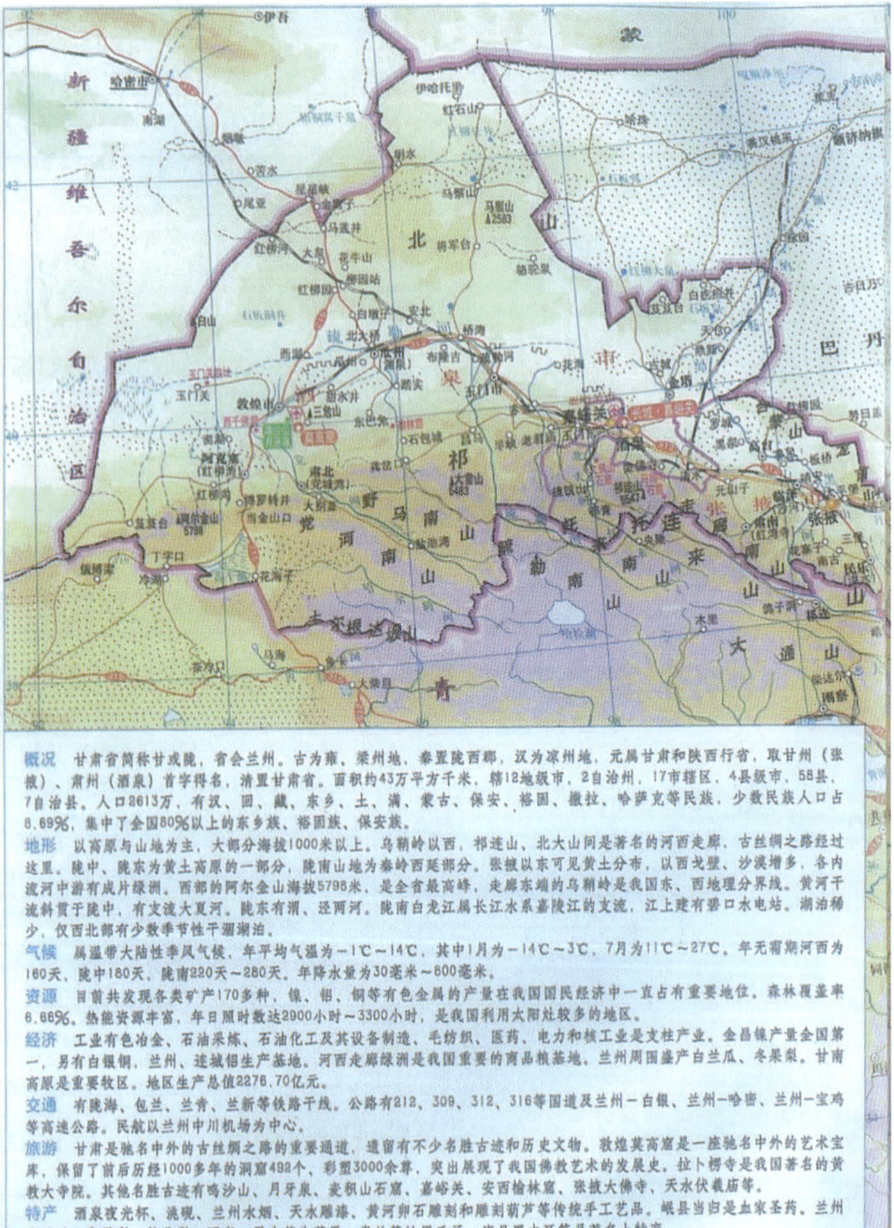
新疆维吾尔自治区
北
山
祁
党河南山
野马南山
疏勒南山
托来南山
走廊南山
大通山
土尔根达坂山
敦煌市
玉门关
嘉峪关
张掖
马鬃山
概况　甘肃省简称甘或陇，省会兰州。古为雍、梁州地，秦置陇西郡，汉为凉州地，元属甘肃和陕西行省，取甘州（张掖）、肃州（酒泉）首字得名，清置甘肃省。面积约43万平方千米，辖12地级市，2自治州，17市辖区，4县级市，58县，7自治县。人口2613万，有汉、回、藏、东乡、土、满、蒙古、保安、裕固、撒拉、哈萨克等民族，少数民族人口占8.69%，集中了全国80%以上的东乡族、裕固族、保安族。
地形　以高原与山地为主，大部分海拔1000米以上。乌鞘岭以西，祁连山、北大山间是著名的河西走廊，古丝绸之路经过这里。陇中、陇东为黄土高原的一部分，陇南山地为秦岭西延部分。张掖以东可见黄土分布，以西戈壁、沙漠增多，各内流河中游有成片绿洲。西部的阿尔金山海拔5798米，是全省最高峰，走廊东端的乌鞘岭是我国东、西地理分界线。黄河干流斜贯于陇中，有支流大夏河。陇东有渭、泾两河。陇南白龙江属长江水系嘉陵江的支流，江上建有碧口水电站。湖泊稀少，仅西北部有少数季节性干涸湖泊。
气候　属温带大陆性季风气候，年平均气温为－1℃～14℃，其中1月为－14℃～3℃，7月为11℃～27℃。年无霜期河西为160天、陇中180天、陇南220天～280天。年降水量为30毫米～600毫米。
资源　目前共发现各类矿产170多种，镍、铅、铜等有色金属的产量在我国国民经济中一直占有重要地位。森林覆盖率6.66%。热能资源丰富，年日照时数达2900小时～3300小时，是我国利用太阳灶较多的地区。
经济　工业有色冶金、石油采炼、石油化工及其设备制造、毛纺织、医药、电力和核工业是支柱产业。金昌镍产量全国第一，另有白银铜，兰州、连城铝生产基地。河西走廊绿洲是我国重要的商品粮基地。兰州周围盛产白兰瓜、冬果梨。甘南高原是重要牧区。地区生产总值2276.70亿元。
交通　有陇海、包兰、兰青、兰新等铁路干线。公路有212、309、312、316等国道及兰州－白银、兰州－哈密、兰州－宝鸡等高速公路。民航以兰州中川机场为中心。
旅游　甘肃是驰名中外的古丝绸之路的重要通道，遗留有不少名胜古迹和历史文物。敦煌莫高窟是一座驰名中外的艺术宝库，保留了前后历经1000多年的洞窟492个、彩塑3000余尊，突出展现了我国佛教艺术的发展史。拉卜楞寺是我国著名的黄教大寺院。其他名胜古迹有鸣沙山、月牙泉、麦积山石窟、嘉峪关、安西榆林窟、张掖大佛寺、天水伏羲庙等。
特产　酒泉夜光杯、洮砚、兰州水烟、天水雕漆、黄河卵石雕刻和雕刻葫芦等传统手工艺品。岷县当归是血家圣药。兰州白兰瓜、冬果梨、软儿梨、酒枣、天水花牛苹果、皋兰等地黑瓜子、康县黑木耳等是著名土特产。
高度表（米）
50 200 500 1000 1500 2000 3000 4000 5000 6000 7000
① 属宁夏回族自治区

图 1–11

呼和浩特
乌拉特中旗
乌拉特后旗
乌拉特前旗
巴彦淖尔
库布齐沙漠
鄂尔多斯
乌海
毛乌素沙地
榆林
银川
吴忠
中卫
腾格里沙漠
巴丹吉林沙漠
阿拉善右旗
阿拉善左旗
金昌
武威
白银
兰州
西宁
定西
天水
平凉
庆阳
延安
宝鸡
咸阳
西安
汉中
安康
陇南
合作
临夏
固原
石嘴山
武都
文县
九寨沟
广元
重庆市
比例尺 1:6 000 000　0　60　120　180　240千米
甘肃地形图

新疆维吾尔自治区
概况 新疆维吾尔自治区简称新，首府乌鲁木齐。秦汉时为西域地，汉初置都护府，清嘉庆以后称新疆，清光绪年间置省，1955年10月1日成立新疆维吾尔自治区。面积约166万平方千米。辖2地级市，7地区，5自治州，11市辖区，20县级市，62县，6自治县。人口1997万。有维吾尔、汉、哈萨克、回、柯尔克孜、蒙古、东乡、塔吉克、锡伯、满、土家、乌孜别克、俄罗斯、苗、藏、达斡尔、塔塔尔等民族，少数民族人口占59.39%。新疆主体民族维吾尔族人口占自治区总人口的41.5%，占全国维吾尔族总人口的99.8%。另外，新疆还是柯尔克孜、塔吉克、乌孜别克、塔塔尔等民族的主要聚居区，这些民族约99.9%的人口都集中在本区。
地形 山地盆地相间。北有阿尔泰山，南有昆仑山、喀喇昆仑山和阿尔金山，天山横亘中部，将自治区分为南疆和北疆，南有塔里木盆地，北有准噶尔盆地，还有伊犁谷地和吐鲁番盆地等。塔克拉玛干沙漠是我国最大、世界第二大流动沙漠，古尔班通古特沙漠为我国第二大沙漠。中巴边界上的乔戈里峰海拔8611米，是新疆最高峰。河流主要有塔里木河、伊犁河、额尔齐斯河、玛纳斯河、乌伦古河、开都河等，其中塔里木河是我国最长的内陆河，额尔齐斯河是我国唯一属于北冰洋水系的河流。湖泊有天池、博斯腾湖、艾丁湖、乌伦古湖、赛里木湖等，其中艾丁湖海拔−155米，是我国海拔最低的湖泊，为中国陆地最低处。
气候 属典型的温带干旱大陆性气候，南、北疆气温差异大，南疆年平均气温为7℃～14℃，其中1月为−10℃，7月为25℃，北疆年气温为−4℃～9℃，其中1月为−20℃，7月为20℃。年降水量50毫米～150毫米。
资源 目前共发现矿产资源近140种。湖盐丰富，且品质优良、易于开采。草原面积广阔，是我国第二大牧区。由于山口、隘道众多，冷空气入侵时容易出现大风，风能资源亦很丰富。
经济 工业包括煤炭、石油、机械、化工、皮革、纺织、制糖、食品等门类，民
哈萨克斯坦
吉尔吉斯斯坦
塔吉克斯坦
天山
塔里木盆地
塔克拉玛干沙漠
和田地区
喀什地区
昆仑山
西藏
塔城地区
博罗科努山
哈尔克他乌山
伊塞克湖
卡拉科尔
阿克苏市
和田市
(巴基斯坦实际控制区)
(印度实际控制区)
高度表(米)
200 0 50 200 500 1000 1500 2000 3000 4000 5000 6000 7000

图 1–12

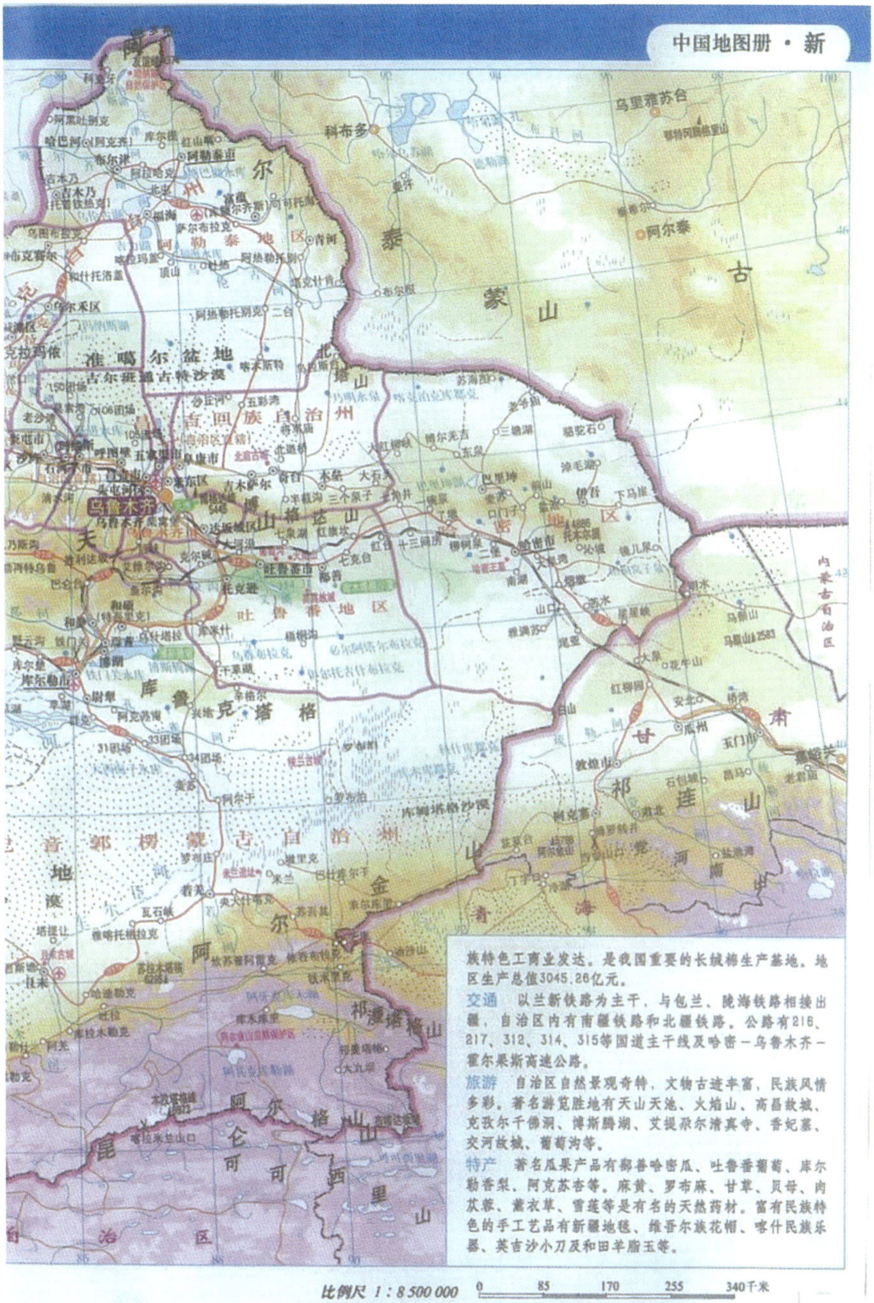
中国地图册 · 新
准噶尔盆地
吐鲁番地区
乌鲁木齐
阿勒泰地区
蒙古
内蒙古自治区
甘肃
祁连山
族特色工商业发达。是我国重要的长绒棉生产基地。地区生产总值3045.26亿元。
交通　以兰新铁路为主干，与包兰、陇海铁路相接出疆，自治区内有南疆铁路和北疆铁路。公路有216、217、312、314、315等国道主干线及哈密－乌鲁木齐－霍尔果斯高速公路。
旅游　自治区自然景观奇特，文物古迹丰富，民族风情多彩。著名游览胜地有天山天池、火焰山、高昌故城、克孜尔千佛洞、博斯腾湖、艾提尕尔清真寺、香妃墓、交河故城、葡萄沟等。
特产　著名瓜果产品有鄯善哈密瓜、吐鲁番葡萄、库尔勒香梨、阿克苏杏等。麻黄、罗布麻、甘草、贝母、肉苁蓉、薰衣草、雪莲等是有名的天然药材。富有民族特色的手工艺品有新疆地毯、维吾尔族花帽、喀什民族乐器、英吉沙小刀及和田羊脂玉等。
比例尺 1：8 500 000
0　85　170　255　340千米

新疆地形图

由于新疆地势低，有的地方海拔两三百米，而吐鲁番盆地的艾丁湖是我国地面最低的地方，海拔为-154.31m。

这里四季分明，温差大，虫害很难发生，使其成为绿色生态农业条件，真是得天独厚，像甘肃、新疆的水果、棉花等基本上不长虫害，不用打农药，就可保全禾苗和果实。

有了亿亩农业的绿色覆被，会大大改善西北气候，降低沙尘，减少荒漠面积，对我国北方气候改善无疑是一福音。

另外可以有5000万农业人员到西北来，甘肃人口2700万可以增加两三千万，新疆人口东部可以增加上千万，可以将南疆贫困人口大量迁入。对于提高生活水平、促进和谐也有重要意义。

无疑这是一项巨大的工程，是中华民族修筑万里长城后又一伟大工程。但是长城的历史作用早已成为过去，正如我给北京密云曹家路黑谷关长城题的：

长城高坚尤自破，
一条大墙难划疆。
烽火狼烟远逝去，
敌楼两侧成同乡。

而今日的荒漠引水工程将永续为民造福，永垂人类史册，它证明中华民族是一智慧的民族，从不用武力战争去获取利益去生存，是用自己的智慧和奋斗来自立于世界之林。

图1-11是甘肃地形图。

图1-12是新疆地形图。

1.3　西部的水源——水源主流雅鲁藏布江

解决西部土地干渴就要水源，水源就在青藏高原，中国的五大水系都发源在这里，平均海拔在4000m以上，也可谓高原水塔。保护好、利用好这一巨大财富，对国计民生有着重大影响，是国家持续发展，民族兴旺昌盛的基础。

青藏高原五大水系，从南向北依次是雅鲁藏布江、怒江、澜沧江、金沙江（长江）、雅砻江（长江）、黄河，见表1-1。也是印度河和恒河的发源地。

表1-1 各大江河情况表

名称	河长/km	流域面积/km^2	年径流量/亿m^3	排次
长江△	6300	1 808 500	9513	1
珠江△	2214	453 690	3338	2
雅鲁藏布江△	2900*	935 000（240480）	1400（国际）	3
怒江△	3200*（1659）	325000（157156）	1058（国际）	
澜沧江△	1612（境内）	240452（154000）	4750（国外入海）	
黄河△	5464	752443	661	
松花江	2038	557180	762	
黑龙江	4440	891100	>3000（国际）	

△ 发源于青藏高原的河流。

1. 雅鲁藏布江

雅鲁藏布江发源于西藏的西南部的仲巴县、喜马拉雅山北麓，在发源地叫当却藏布，后叫马泉河，是由几条支流汇合而成，在昌果、拉藏附近又汇入了一条小河，才叫雅鲁藏布江，在喜马拉雅山北麓与冈底斯山、念青唐古拉山之间，由西向东流，江之北是冈底斯山和念青唐古拉山主脉，南边是喜马拉雅山，到米林、羌纳开始向东北方向流，穿过加拉白垒和南迦巴瓦山间谷地，后绕过南迦巴瓦峰，又折回向南形成乳头状大拐弯，到墨脱又直向南流去。

在中国边境区巴昔卡流入印度阿拉姆邦的萨地亚，进入印度阿鲁纳哈尔邦后，河流近东西走向，称为布拉玛普德拉河，在与盖斯达河汇合后南下叫贾木纳河与西来的恒河在戈阿隆多市附近汇合一起流经孟加拉国，注入印度洋的孟加拉湾。河流全长2900km，集水面积49.959万km^2，支流集水面积大于2000km^2的支流14条，雅鲁藏布江流域93.5万km^2，在我国境内流域面积24.048万m^2，年径流量1400亿m^3，为我国第三大河仅次于长江、珠江，由于珠江是西北东三条支流，在广州附近才汇合，西江是主流，所以实际上仅次于我国第一大河长江。水质清亮，平均每天流量：1400亿m^3÷365d=3.8356亿m^3/d，每小时流量：1400亿m^3÷8760h=1598.1735万m^3/h，每秒流量：1598.1735万m^3÷3600s=4439m^3/s，可见雅鲁藏布江的水量还是很充沛的。就是在大转弯处，也有3000m^3/s以上。

西藏林芝雅鲁藏布江大转弯形成长度为504.6km的大峡谷。在长度、深度、水电资源、生物多样性、旅游影响都可称世界首位，而且风景清新优美，在全世界原生态中实为罕见。如何利用好雅鲁藏布江等五江河，是我中华民族的又一次振兴。图1-13是雅鲁藏布江流域图。

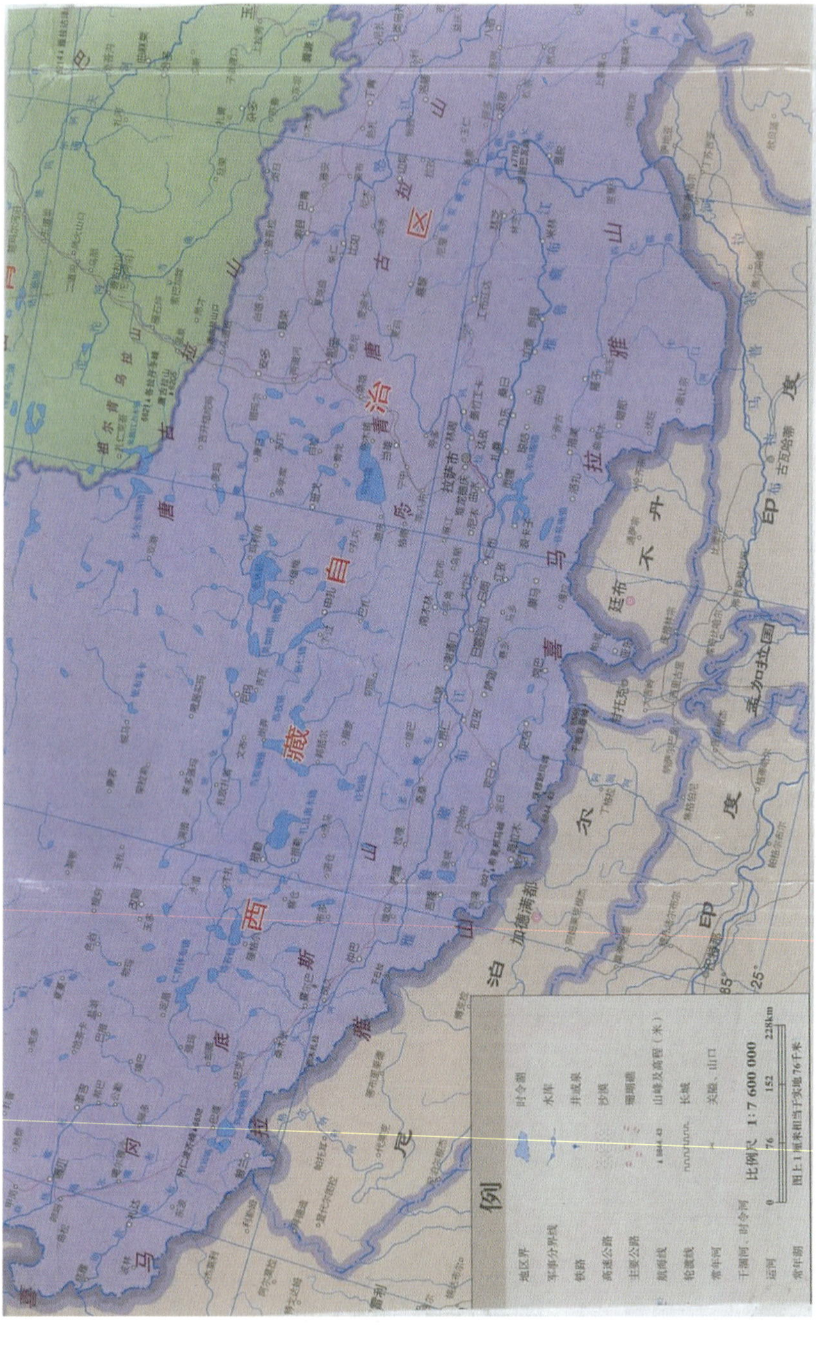

图 1-13 雅鲁藏布江流域图

雅鲁藏布江是中国海拔最高的江河，也是西藏第一大河，雅鲁藏布江的河床高度大都在海拔3000m以上，也是世界海拔最高的河。雅鲁藏布江还是一条国际性水系。

雅鲁藏布江，在古代藏文中称央恰布藏布，意为从最高顶峰上流下来的水。它的源头是喜马拉雅山中段北坡的一系列冰川，由西向东，穿行西藏日喀则、拉萨、山南、林芝4个地市23个县，先后接纳拉喀藏布河、年楚河、拉萨河、尼洋河，赤隆藏布（由易贡、波都藏布汇合而成）等主要支流后，切过喜马拉雅山脉东端的洛渝地区，向南流入印度的萨地亚。其水能蕴藏量仅次于长江的河流就是雅鲁藏布江。它的下游大拐弯峡谷，从派镇到墨脱县希让河长220km多的河段内，河床下降了2200m，平均1km内跌落10m多。奔腾的江流在迂回曲折的峡谷中奔流，这里不但蕴藏着充沛的水力资源，而且这大拐弯峡谷的地貌，又为丰富的水力资源的开发利用提供了难能可贵的条件。中游集中了雅鲁藏布江的几条主要支流，如多雄藏布、年楚河、拉萨河、尼洋河等。

这些巨大的支流不但提供了丰富的水量，而且提供了宽广的平原，如拉喀藏布下游河谷平原、日喀则平原、拉萨河谷平原、尼洋河林芝河谷平原等。这里水利灌溉和机械化条件都较优越，阡陌相连，人烟稠密，是西藏最主要的和最富庶的农业区，也是主要的粮食作物基地和高产稳产农田的发展场所。雅鲁藏布江的南面耸立着世界上最高、最年轻的喜马拉雅山，北面为冈底斯山和念青唐古拉山脉。南北之间为藏南谷地，谷地呈东西走向的宽阔低缓地带，雅鲁藏布江就静静地躺在这一谷地里。它不仅是西藏文明诞生和发展的摇篮，也是汉藏文化交流的见证。

汉藏交流史上，最值得纪念的是文成公主和蕃、金城公主西嫁与《唐蕃会联盟碑》三件大事。它们充分说明了汉藏人民及其文化各具特点又相互影响融合的血肉关系。而从雅鲁藏布江取水的南水北调工程，将在中华民族的历史上，写下光辉的一页，将恩泽千秋万代，所产生的影响将永垂青史。

见图1-14a是美丽的雅鲁藏布江上游风光。

见图1-14b是美丽的雅鲁藏布江中游风光。

见图1-14c是美丽的雅鲁藏布江下游风光。

见图1-14d是雅鲁藏布江墨脱地区美丽风光。

a.美丽的雅鲁藏布江上游风光

b.美丽的雅鲁藏布江中游风光

c.美丽的雅鲁藏布江下游风光

d.雅鲁藏布江墨脱地区美丽风光

图1-14

2. 怒江

怒江发源于青藏高原唐古拉山南麓的吉热拍格，雪水聚集成溪，溪流相汇成河。上游藏语叫“那曲河”，因江水深黑，又称黑水河，往东流入他念他翁山和伯舒拉岭之间的峡谷中，于贡山县齐那桶进入云南，成为水量大的怒江，当地的怒江被称为“阿怒日美”。怒江由贡山县进入云南后，流经怒江、保山、临沧、德宏4个地州，从潞西市出境，入缅甸后称萨尔温江，由莫塔马湾归入印度洋，全长3240km，流域面积32.5万km^2，中国部分2013km，流域面积13.78万km^2。怒江奔腾于高黎贡山和碧罗雪山之间，两岸山岭海拔均在3000m以上。怒江中下游最高点为1400m，最低点为760m，因它落差大，水急滩高，有“一滩接一滩，一滩高十丈”的说法，十分壮观。两岸多危崖，又有“水无不怒古，山有欲飞峰”之称，每年平均径流总量700亿m^3，甚至达1058亿m^3，相当1.6倍黄河的水量，像骏马般地奔腾向南。

怒江大峡谷号称世界上最神秘、最美丽险奇和最原始古朴的东方大峡谷。在傈僳族自治州的怒江、澜沧江、独龙江三大峡谷中，怒江大峡谷最为壮观。谷地南北走向，长310km，平均深度为2000m。怒江大峡谷山高、谷深、水急，两岸白花飘香，山腰原始森林郁郁葱葱，冬春两季冰雪覆盖，景色如画。峡谷内立体气候产生的主体植被、珍稀动植物、名花异草、稀世药材、成片成林地点缀着峡谷胜景的自然美。这些珍稀的植物，被列为国家一级保护的有树蕨、秃杉、珙桐，二级保护的有三尖杉、清水树等，三级保护的有天麻、雪山一枝蒿等20多种。还有名目繁多的花卉。被列为国家珍稀保护动物的有虎、灰腹角雉、热羚、红岩羊、金丝猴、叶猴、小熊猫（金狗）、齿蟾等。雪山林海、急流飞瀑、岩峰峡谷、汩汩温泉、座座溶洞、高山湖泊，配之以傈僳族传统的对歌、澡塘会、刀杆节，充满民族色彩的怒族“鲜花节”和带有浓厚的原始宗教色彩的独龙族剽牛祭天活动以及各民族的婚姻习俗、衣食住行、丧葬礼仪、祭祀活动、图腾崇拜等的丰富多彩的民族风情，更是给怒江大峡谷增添了不少情趣。

怒江是三江的最西面的一条江，其水量丰沛，水质优越，江水奔腾，水力资源丰富，为我国最西线南水北调的重要补充水源，可用相济流量50亿m^3/a以上。

如图1–15a所示为怒江上游河谷。

如图1–15b所示为奔腾宣泄的怒江水中的虎跳石。

如图1–15c所示为怒江穿越V形峡谷。

如图1–15d所示为怒江进入云南的风光。

a.怒江上游河谷

b.奔腾宣泄的怒江水中的虎跳石

c.怒江穿越V形峡谷

d.怒江进入云南的风光

图1–15

3. 澜沧江

澜沧江发源于我国青海南部，唐古拉山北麓的莫古地区，称为扎曲，另一条源流发源于唐古拉山西藏的北部满塔地区，叫吉曲、昂曲，这两大源流在西藏的昌都汇合称为澜沧江，汇合后基本上向南流去，进入云南，与怒江、金沙江形成有名的三江并流奇观，在云南景洪地区流入缅老泰边界，称之为湄公河，是世界第六大河。其流程在中国2179km，缅甸265km，老挝1987.7km，泰国976.3km，柬埔寨501.7km，越南229.8km，河道实际总长6121.7km。流域面积在中国总面积近16.7万km^2，缅甸2.1万km^2，老挝21.5万km^2，泰国18.2万km^2，柬埔寨16.1万km^2，越南6.5万km^2。澜沧江在东南亚是一条重要的国际河流。水源降水占径流的1/2以上，雪山融水占1/6，5月是雨季，水位上涨，9~10月为汛峰期，最大流量7.53万m^3/s，1~2月是枯水期，为小流量1250m^3/s，年平均径入海量4750亿m^3，在云南径流量为107亿m^3。国境处径流640亿m^3，比黄河的径流还多。

澜沧江水力资源丰富，理论蕴藏量5800万kW，可开发水能3700万kW，年发电量1800亿kW·h，干流水力1000万kW。其中33%在柬埔寨，51%在老挝。已开发水能不足1%，在我国出境的径流量约为总量的1/2，而在昌都地区估计在100亿m^3/a。是丰沛的国际河流，上游清水涛涛，水质甚优，四季长流，为我国最西线南水北调的五江河相济重要的补充水源。是世界上鱼类多样性大河，排名第二，年捕获量180万t，价值14亿美元。

我国处于怒江、澜沧江上游，占有独到的地理优势，本书所提及作为最西线南水北调的补充水源，当然要考虑国际间的水资源和谐利用问题，就本书提到作为补充水源，两江加起来也不超200亿m^3/a，占河径流量的2.5%，所以不影响下游，应当是非常合理的分配利用。图1–16a、b、c、d分别为澜沧江美丽风光。

a.澜沧江上游风光

b.美丽的澜沧江河水

c.澜沧江河谷

d.进入云南的澜沧江

图1–16

4. 长江（相关联的是金沙江和雅砻江）

长江是我国第一大江，发源于青海西南唐古拉山北麓，源流沱沱河和当曲汇合称通天河，由玉树至巴塘，再由巴塘至三江并流到攀枝花汇合雅砻江后在宜宾汇合岷江后成为长江。流长6300km，流域面积180.85万km^2，经我国青海、西藏、云南、四川、重庆、湖北、湖南、江西、安徽、江苏、上海诸省市，在上海入东海，其年径流量9513亿m^3。

长江水力资源丰富，特别是上游。而与最西线南水北调相关的是其上游主干流金沙江和重要支流雅磐江。

金沙江上游段近2000km，径流年平均在935亿m^3。雅磐江支流流长也有1000km以上，年径流量在604亿m^3以上。金沙江在上游相济段年径流量可达100亿m^3以上，雅磐江在上游相济段贡献径流量也可达100亿m^3。由于最西线南水北调是五江河相济段处于海拔2000m以上的上游段，所以径流量就小得多，为了减少对下游的影响，以保持原自然态，因此相济的水量也是有限的。

金沙江从青海玉树至四川巴塘，就在这一段上，南水北调在德格与金沙江交汇，实现相济。

金沙江从青海省玉树巴塘河口流向东南，直达四川省石渠县境，然后在四川与西藏之间奔流，在白玉县形成了“S”形的转弯，后又恢复南流，至四川巴塘县，再到德钦县，入云南境内，直至石鼓镇以上，这是金沙江的上段，其长度为965km，落差1720m，平均坡降1.78%。河流流向沿横断山脉大断裂带或褶皱走向一致，被高山峡峙，河谷宽一般100~200m，狭处仅50~100m，见图1-17a。以西为澜沧江，从巴塘直到进入云南，形成三江并流的奇观，见图1-18。

在金沙江大转弯处形成了很多峡谷，有著名的金沙江虎跳峡的峡谷及险滩。过金沙江“大对号”样的大转弯后又往东北方向流去，在攀枝花与雅砻江汇合后，流量倍增，弯弯曲曲流到宜宾与岷江合，这才成为长江。

但是，在金沙江中上游，植被遭到破坏，成为水土流失严重的地段。而且经常有干旱发生，这也是引孟加拉湾水汽流的重要因素。

图1-17a、b、c、d、e为金沙江沿线风光图。图1-17a、b为上游，沿江植被损失严重，水土流失，要加强水土保持植树造林，还有我们后面介绍的孟加拉湾水气通道的开辟应是更好的办法。

a.金沙江上游风光

b.金沙江水已变浊

c.金沙江大峡谷

d.金沙江虎跳峡

e.金沙江在云南巨甸境内

图1–17

盐井
德荣
察瓦龙
梅里雪山
6740
德钦
贡山
香格里拉
白济汛
巨甸
福贡
三江并流区域示意
这是三江并流区域的遥感
图，三江并流最窄的地段，
东侧金沙江与西侧怒江之间
的直线距离为66.3公里，怒
江与澜沧江为18.6公里
供图：中国科学院遥感应用
研究所

图1-18　三江并流图

雅砻江古称若水、泸水，是长江宜宾市以上最大的支流，也是长江上最长的支流。雅砻江发源于青海省巴颜喀拉山南麓，到四川在攀枝花入金沙江（长江），雅砻江干流全长1637km，流经三省29个县，经过少数民族地区。流域面积12.8444万km^2，总落差4420m，多年平均流量（河口）1914m^3/s，年径流量604亿m^3。

雅砻江流域涉及3个地质构造单元，上中游广大地区属于阿坝褶皱带，分布着极厚的中上三叠纪浅变质岩系，砂岩、板岩构成北西—东南向紧密褶皱，褶皱轴部及断层带中有少量二叠纪灰岩分布，并有零星燕山期花岗岩出露。这些都是我们修建南水北调隧道时要注意的。

雅砻江水流大，落差大，水力资源丰富，已建成二滩水电站容量高达330万kW，另外还有10个水电站在建设中、筹建中。

所以它的济水量应全盘考虑。

图1-19a、b、c为雅砻江风光。

a.雅砻江上游风光

b.雅砻江风光

c.雅砻江上大型水电站雄姿

图1-19

5. 黄河

黄河发源于青海巴颜喀拉山北麓星宿海，经过青海、四川、甘肃、宁夏、内蒙古、陕西、山西、河南、山东，在山东东营入渤海，流长5464km，流域面积75.2443万km^2，年径流量661亿m^3。

由于黄河近年来是个缺水河，上游建了好多个阶梯发电站，所以最西线南水北调，它没有作多大贡献，加上它又是国内的内流河，说不定还要在南水北调工程的上游向黄河相济些水量。所以暂不考虑黄河在相济南水北调的水量。

图1-20a为五彩缤纷的黄河上游河谷风光。

图1-20b为黄河中游的河套风光。

对南水北调贡献最大的就是雅鲁藏布江，雅鲁藏布江每年可以贡献500亿~700亿m^3，而怒江、澜沧江、金沙江、雅磐江的贡献也就200亿~300亿m^3。

这里要考虑河流主干干流的保持、国际水量分配的因素、自然生态的因素。由于怒江、澜沧江、金沙江和雅磐江都处上游，所以贡献不可能太大，黄河虽是大河，但是缺水河，甚至还要对它相济补水。考虑雅鲁藏布江的下游发电，生态用水，应当给予保留径流量700亿m^3/a以上。这样可调入西北也就600亿~700亿m^3的水。这可分为三步走：第一步调216亿m^3水，解决河西走廊缺水问题；第二步调360亿m^3水，解决哈密1亿亩（1亩≈666.7m^2）用水问题；第三步解决南疆5000万亩用水得180亿m^3水。总计需水756亿m^3，绝大多数由引水隧道引水解决500多亿m^3，其余五大江河相济来解决（其实也是隧道引水）。

由于用360m^3水就可使1亩地得到灌溉，保证农作物成长，相当于545mm的年降水量，相当大田有十几场透雨，所示应当采用节水灌溉。

如果首先完成216亿m^3的调水，可以解决西北6000万亩的农业用水，如果水的利用率（包括损失）按75%计，第一步应当调水216亿m^3÷75%=288亿m^3水，为实际需要调水量。由于360亿m^3水可解决1亿亩地的灌溉，第二步调360亿m^3水，实际需要调360亿m^3÷75%=480亿m^3，可以解决1亿亩，如果减少水损失提到85%，则接近1.8亿亩的农田获得水浇，即占我国现有土地的1/10，相当我国国土面积扩大1/10。1.8亿亩为原有国有耕地的1/10，对我们这样一个人口众多、耕地又少，占用土地又在高潮时期的国家，无疑是诱人的，这也是根本解决我国耕地少矛盾的上策。图1-21是我国西部水源示意图。水源全部来自青藏高原，一定要保护好、利用好这个高原水塔。

a.五彩缤纷的黄河上游河谷风光

b.黄河中游的河套风光

图1–20

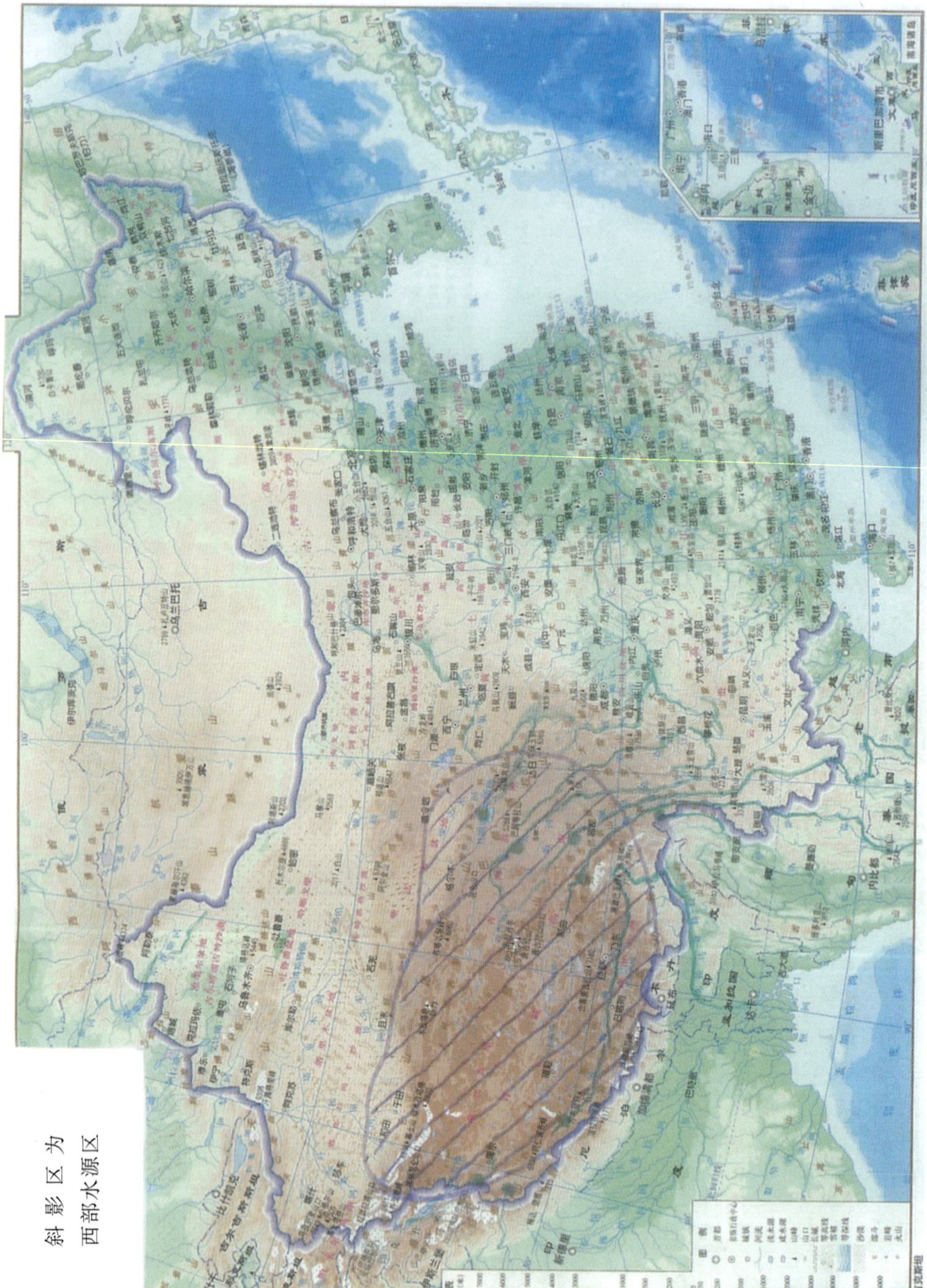

斜影区为
西部水源区

图 1–21 中国西部水源

1.4　南水北调方案——引雅、五大江河联通相济北上西行

1. 走向

南水北调最远的水源是雅鲁藏布江，引水口就在雅鲁藏布江“乳头”样大转弯的顶尖处，然后向东北的波密市的倾多，沿东北走向，在波密马利下游约100km处先与怒江相会，再向东北行至察雅的吉塘与澜沧江相会，再向北行，在四川德格与金沙江相会，向北在浪多与雅磐江相会，再向北上在青海达日与黄河相会，向北穿过玛沁、同德、海晏，向祁连山下的峨堡奔去，穿过祁连山，到达甘肃民乐，在此修一个祁东水库。然后沿祁连山北坡，河西走廊边上修渠，由祁东水库向东到永昌地区，充分利用金川峡水库，灌溉武威、永昌、金昌、民勤广大地区旱荒地。由祁东水库向西，在玉门市昌马附近修一个祁西水库，沿渠浇灌山丹、张掖、阿拉善、酒泉玉门地区的土地，并由祁西水库向新疆哈密引渠，浇哈密地区和南疆东部地区，有关这些渠道的海拔高程，后面还要介绍。

这个工程将石羊河、山丹河、黑河、疏勒河等都充盈起来。当然配套支渠工作量也是很大的。

南水北调的走向是将雅鲁藏布江等水源引到西北河西走廊及新疆哈密地区，当然走直线最好，但要考虑将五大江河串联起来，作为南水北调的水源或是相济的水源，并且应当有一定的水量，太上游了，水量小，不足为济。还有个问题，就是因为是隧道引水，青藏高原地势高，则隧道深，会带来施工等不方便，例如：要考虑排渣、运输、施工、后勤地面生活的方便。

主干走向如图1–22所示，从引水口到河西走廊的民乐附近，可利用山丹河海拔在1750m处修建祁东水库，作为南水北调的主干渠的终点，也是河西走廊的制高点。从雅鲁藏布江引水口，到祁连山北侧，祁东水库，全长约1200km，从祁东水库到祁西水库，沿祁连北坡是为保持引水的较高水位，以保证对河西走廊的灌溉自流。祁东水库到玉门附近的祁西水库，这一河西走廊灌溉主干渠，大约400km，而且可以修成明渠，个别处采用渡槽、隧道，可以大大降低施工成本和周期。为灌溉永昌、金昌、武威地区的荒漠农田，由祁东水库向东到永昌水库附近，充分利用原有的金川峡水库，修一东支干渠，大约100km，灌济石羊河流域和金昌、武威、民勤等地。

最西线南水北调的走向，并不是一条直线，而是弓形曲线，为了五大江河相济，正如前面所叙，如果太往上游，水量太小，相济作用太小，又不可能太往下游，不然引水主隧道增长，并且与水位高度又有矛盾，所以必须找

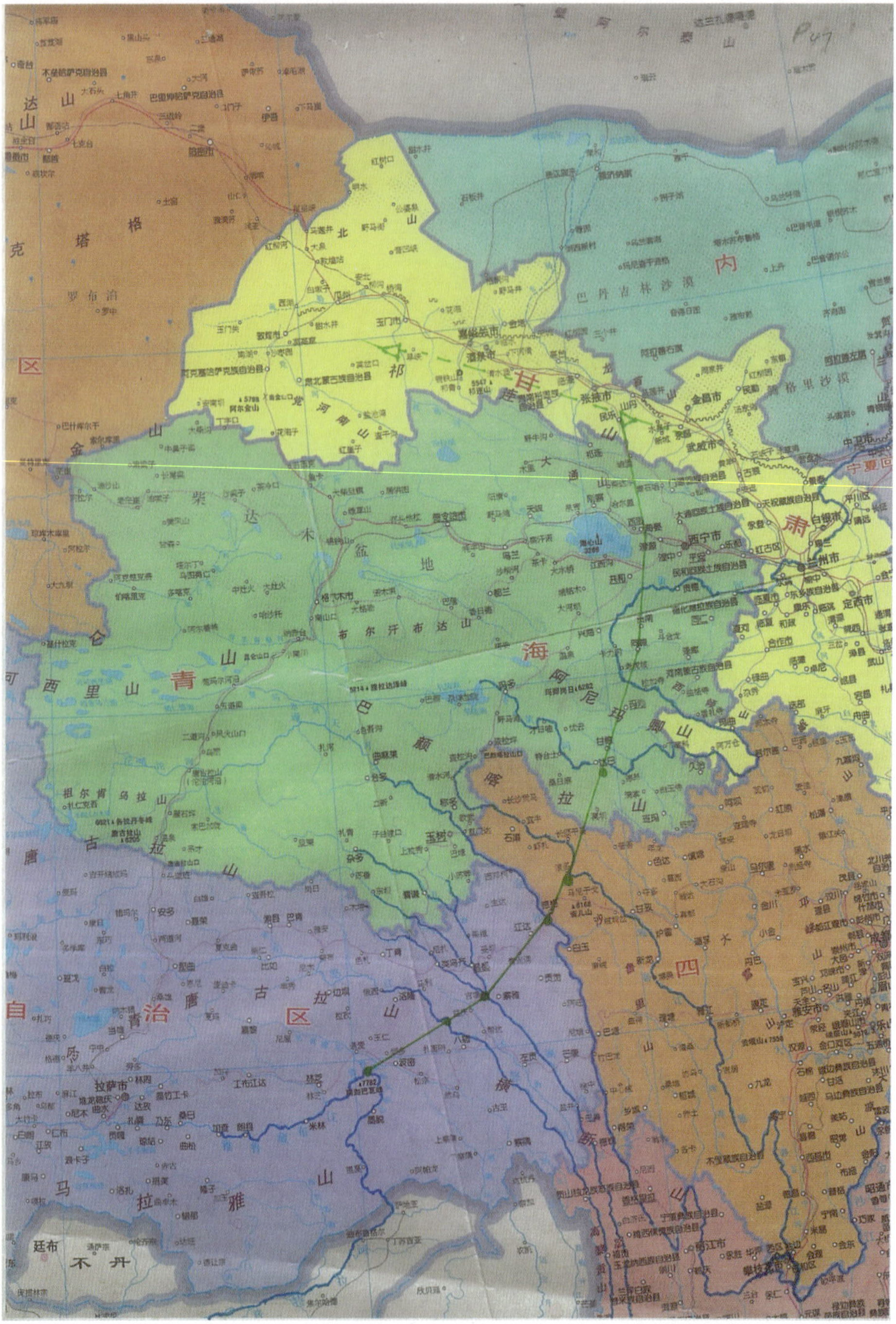

图1–22　走向图

出适中路线。其主干渠隧道在甘肃民乐为终点建祁东水库。这里在河西走廊中部，地势较高，向东支干渠可灌溉以东永昌、金昌、武威、民勤地区，利用永昌水库成为集水结点，对我国有色金属基地发展也提供了水源保证，由民乐向西可灌溉张掖，周济黑水，以及酒泉、玉门。在玉门市南昌马乡附近建设祁西水库，将水发往新疆哈密地区，而且仍然有较大落差，形成自流灌溉系统。

在主干渠隧道上设有5个济水点，由五大江河相济北上，形成北上之水，从而增加灌溉用水，扩大用水面积，这5个济水点分别是：怒江为八宿附近，即在其西北方向的瓦巴、拥巴的夏里，澜沧江相济点为察雅附近的吉塘，金沙江相济在四川德格，雅砻江相济在四川浪多，黄河相济在青海省的达日，经青海省的同德、湟源、峨堡穿过祁连山到甘肃的民乐，如前所述其主干渠1200km，河西走廊的支干渠，向东到永昌水库100km，向西到祁西水库约400km，都沿祁连山北麓设置。

引入五大江河相济，可采用斜井隧道方式。

祁西水库作为向玉门地区及新疆哈密地区的水源，未来在哈密地区东部台地上也应修一备用水库，海拔在1000m的地方。

由于南水北调的主干渠，在青藏高原板块的东部，相对为同一地质板块，离开了其边缘，而且均在地下，隐藏、温度变化小，有利于战争下的保护。因为这是一条生命之线，关系到未来1亿多亩（1亩≈666.7m^2）农田，几千万万人的生计，在防卫上应当使其成为钢铁之渠，从初建起就应做好战争防护，特别是渠首，应当是2个以上，还有伪装的渠首，总体况见图1–22。

待此渠建成后，再总结经验教训，改进后再建一条线，也可现用，也作备用。

2. 高程分配

高程分配，这是一个很重要的问题，因为整个工程是一个自流系统，可以大大节省能源，永续利用，也是影响水流量的重要因素，还有一个原因就是在引水上希望多集吸水量，所以开始段要加大高程差，以后输水段应当均匀下降，以保水流平稳，流阻损失小，隧道磨损小。

图1–23是引水主干渠隧道的高程安排。其中蓝色数字为隧道高程安排，黑字为地表海拔高度。

图1–24为引水主干渠隧道沿程距离和高程安排简图。

图1–25为河西走廊，新疆东部重要控制点海拔高度。它是保证河西走廊能自流灌溉，充分利用河西走廊荒田的重要参考数据。当然引水渠的入口水位要比这些控制点要高。

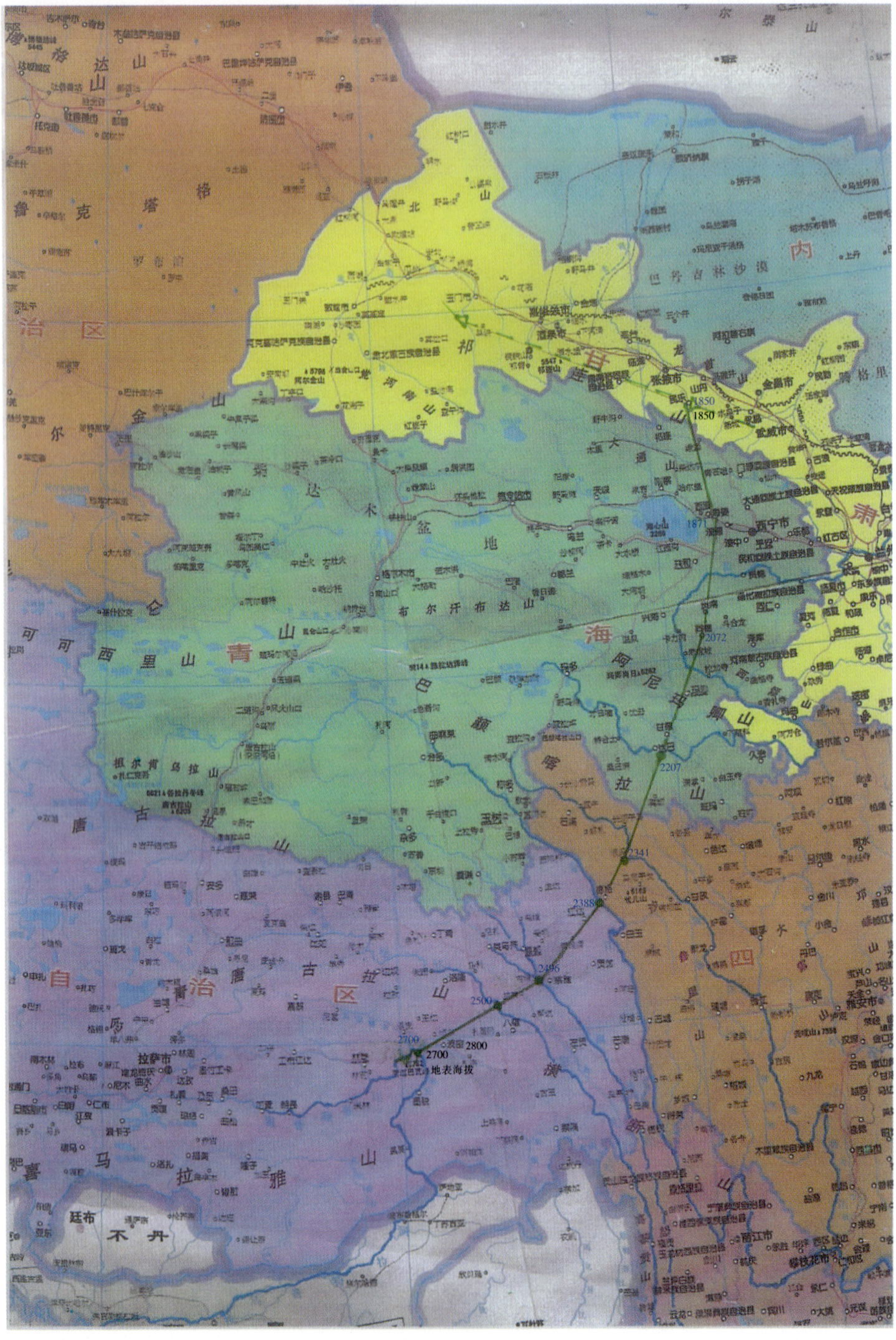
1850
1850
1871
2072
2207
2341
2388
2496
2500
2700
2700
2800
地表海拔
西宁市
张掖市
金昌市
武威市
拉萨市
青
海
甘
肃
四
自
治
区
不丹

图1–23 高程安排

为保证河西走廊大部分荒漠能自流灌溉，穿过祁连山的引水水位保持高度必须在1800m以上。当水引入前面所讲的祁东水库，库底应不低于1730m。连通祁西水库的直通支干引水渠，渠长约400km，祁东—祁西水库落差为300m，即祁西水库海拔在1500m以上，以保证酒泉、疏勒河地区的自流灌溉，当然更能保证哈密的自流灌溉。这是属于整个引水工程的中途地段。

其水位海拔控制点、中途地段如下：祁东水库1730~1800m，祁西水库1600~1500m，山丹1700m，武威1600m，酒泉1500m，哈密800m。

有了祁东水库这个基点，也就是主干隧道的出水口，海拔应在1800~1850m。而引水点的海拔2700m，整个引水隧道长约1200km，落差850m。在沿程走向上，进行落差分配，前面已讲过了初始段落差稍大，以后减少并均匀，保证水流平稳，其分配见图1–24。

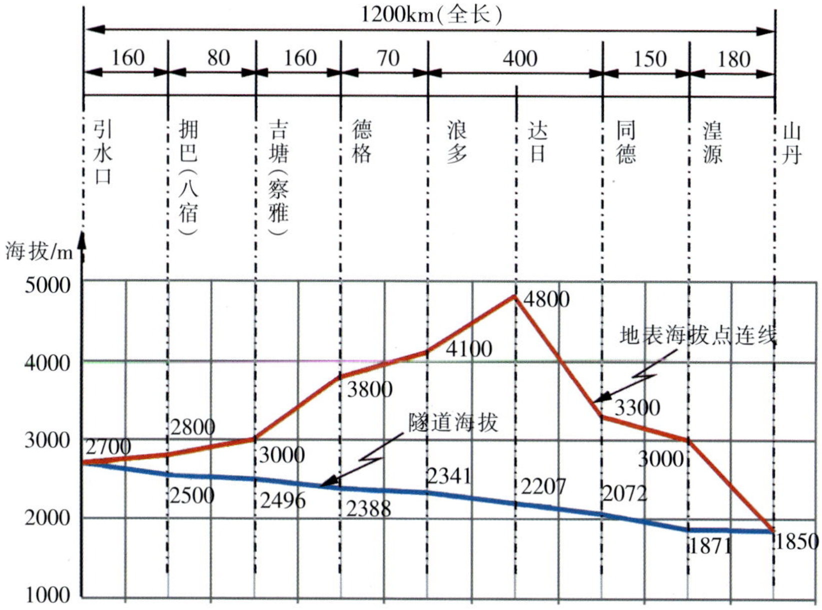

图1–24 高程安排及汇济点距离

下面再看一下河西走廊和哈密一些控制点的海拔高度。见图1–25。

全程应采用自流，为充分利用落差，应采用密封输水。而且适当提高五大江河的引水口的高度，并与交汇处压力相匹配。一旦采用全程密闭输水，可在甘肃民乐、隧道的水出口，修一水电站，充分利用850m的落差发电。

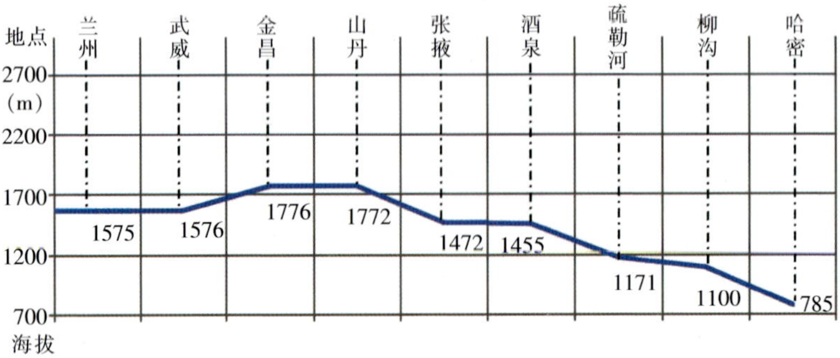

图1–25

3. 水量分配

水量分配应根据荒漠可耕面积来配置，图1–26为甘肃省及新疆东部的荒漠地情况。

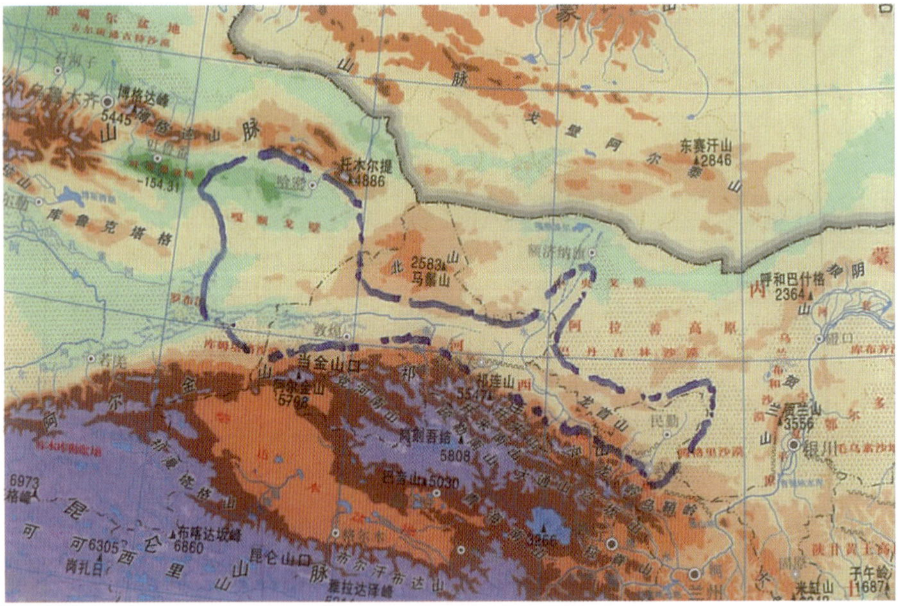

图1–26 甘肃和新疆东部可用荒漠地情况

（注：蓝色圈内为可利用荒漠地范围，有3个浙江大）

甘肃省河西走廊原有的绿洲如武威地区，永昌金昌地区、山丹地区、张掖地区、酒泉、嘉峪关、玉门地区，这些地方原有很好的基础，也是商品粮基地。但是面积不够大，灌溉水不够用，一旦有了水，就可以将耕地扩展多倍，有了南水北调之水，就可以充盈武威的石羊河，扩大耕地面积，在民勤可以水进沙退，在原有3.3万km^2的土地上，可扩上万平方公里的农田，理想达2000万亩（1亩≈666.7m^2），由于武威地势西南高、东北低，可将南水北调的祁东水库沿这一坡度修建，也实现自流灌溉。

由于永昌、金昌地区，在河西走廊地势较高，将河西走廊从主干渠上的祁东水库的水，并利用永昌水库或金川峡水库，在海拔1600m的地方集水，可以充分利用东大河，向北形成自流系统，改造一些半荒漠的芨芨草滩，山丹地区估计有500万亩，北部沙漠也会水进沙退，此地区西部是山区，其分支渠，可以沿此山北上形成自流，在山坡间有不少荒草稀稀的“坝子”，可以很好地改造利用。此地区近9000万km^2的面积，可扩大农田面积1000多万亩，酒泉、张掖由于地势较平，河西走廊引水支干渠沿祁连山北坡西进，地势较高，可以充分利用自流灌溉，由于面积较大，达4万km^2多，应当充分利用黑河，黑河流域只要有水，这里地平、肥沃，并可向北发展，至弱水额济纳高勒河流域，到达内蒙古地区。因为此地区也有4万km^2多的面积，还有南水北调的主干线在山丹南的民乐，地势在河西走廊较高处，可以顺势而下，以利自流灌溉，在这一地区可以发展2000万亩，使荒滩成农田。要充分利用两山夹一原，利用南陡北缓的地势，以及张掖盆地的地形。

酒泉、嘉峪关、玉门地区，这是河西走廊低缓地带，有很多冲积扇，面积大，是荒漠地变农田集中地区，可以发展2000万~2500万亩农田。河西走廊只要有了水，总计可以形成8000万亩良田，河西走廊近20万km^2的地面，也会出现我国的粮仓，其农田也只占整个面积的26%。在新疆哈密，由于地势低，地面宽，可以开辟出7000万~8000万亩农田，连同河西走廊总计可以增1.5亿~1.8亿亩，等于我国的疆土扩大了10%。可以大大缓解我国人多耕地少的局面，以及经济发展带来的占地矛盾。

河西走廊新开农田情况见表1-2，这是一保守的估计。

表1–2　甘肃河西走廊新开农田情况

地区	农田/万亩	需水/亿m^3
武威地区（包括民勤县这一潜力大县）	2000	72
永昌金昌山丹地区	1500	54
张掖地区	2000	72
酒泉嘉峪关玉门地区	2500	90
总计	8000	288

注：1 亩≈666.7m^2。

而祁东水库应有15亿m^3以上的库存水，祁西水库也应有15亿m^3以上的库存水。

下面我们研讨一下，除南水北调主要来自雅鲁藏布江供水外，五江河的连通相济水量，见图1–27。如果按1.5亿亩耕地计，需水540亿m^3。这不能全靠雅鲁藏布江水，应该叫五大江河相济，由于黄河水系用水紧张，所以应暂不考虑黄河济水，有可能还要向它济水。应当充分利用怒江、澜沧江的水源，因它们是国际水系，中下游水量丰沛，不致影响整个水系。而金沙江、雅砻江都是长江上游的干支流，应有限度地相济。

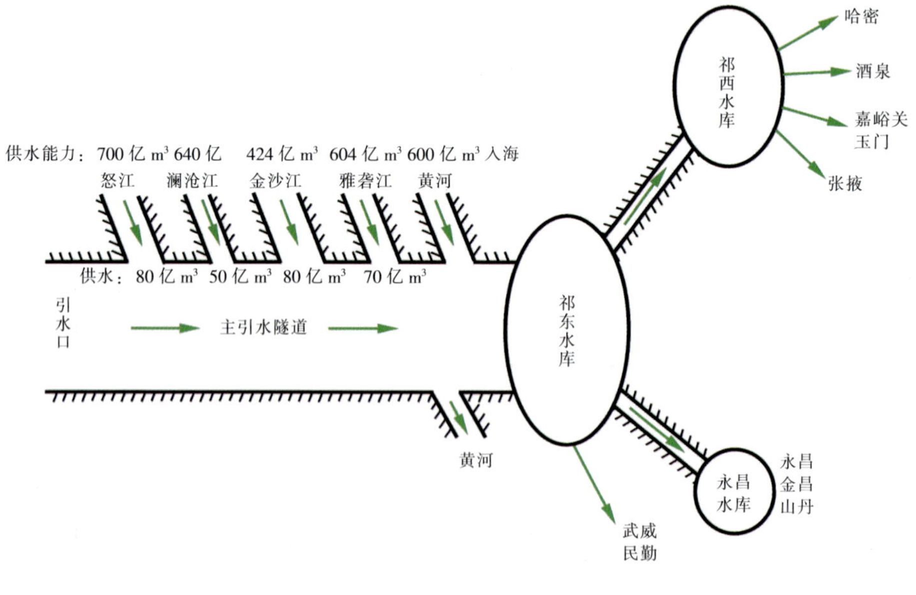

图1–27

如果隧道采用有互通的双洞，直径20m，则截面积（πr^2）为314m²，双隧为628m²，引水拟用密闭输水，根据水力工学，以经济流速2~3m/s输水，以减沿程损失。

其流量$Q=v_{流速}\cdot s_{截面积}$，取流速v=2.5m/s，则流量为：单隧$Q=\pi r^2\cdot v$=314m²×2.5m/s=785m³/s，时输量为785m³/s×3600s/h=282.6万m³/h，一天输量为282.6万m³/h×24h/d=6782.4万m³/d。一年输水9个月为9×30=270d（除去寒冬）。单隧则实际输水 6782.4万m³/d×270d≐183亿m³。

因为是双隧，所以每年9个月输水为366亿m³，以损失量10%计，则为330亿m³，可供农田330亿m³÷360m³=0.9166666亿亩（1亩≈666.7m²），当然可以满足河西走廊沙荒漠地的灌溉用。还可供哈密1000万亩的农田用水。这作为第一期工程双隧引水应是够用的。

哈密地区预计7000万亩，需水7000万亩×360m³/亩=252亿m³。

除去主干隧道引水1000万亩，实际还有6000万亩，需要216亿m³水，可由五江河相济获取，根据各江河上游的水量。

金沙江水量:怒江水量:澜沧江水量:雅砻江水量=8:8:5:7。

金沙江供80亿m³，怒江80亿m³，澜沧江50亿m³，雅砻江70亿m³，黄河因水不丰，暂不考虑参加相济，则有280亿m³水，再加上原366亿m³水，总计有646亿m³水供给，而1.5亿亩需水150000000亩×360m³/亩=540亿m³，考虑漏失、蒸发损失10%，则应供水为581亿m³，显然也是够用的。可以采取加大五大江河的相济量和引水口提高水流速来增加供给量。

祁东祁西水库应当加大库容，存20亿m³以上。可以利用冬季农田停水时储备。

由上看来，1.5亿亩是有保证的。如进行第二、三期深度开发远景2亿亩应该是有根据的，雅鲁藏布江1400亿m³水拿出600亿m³水应该是天人合一的数字。不过千万别贪婪，应合理分配，还要留给巨型无坝无库发电用300亿m³水，则其余还有500亿m³水在原河道流动成为生态保证用水，也是保证灌溉和发电的调节用水，是河流呼吸的基础“肺活量”。

1.5　引水承载的水工建筑

1. 引水

引水的主水工建筑是大口径双洞隧道，都采用双隧，分段修，有连通隔离门，如图1-28所示。

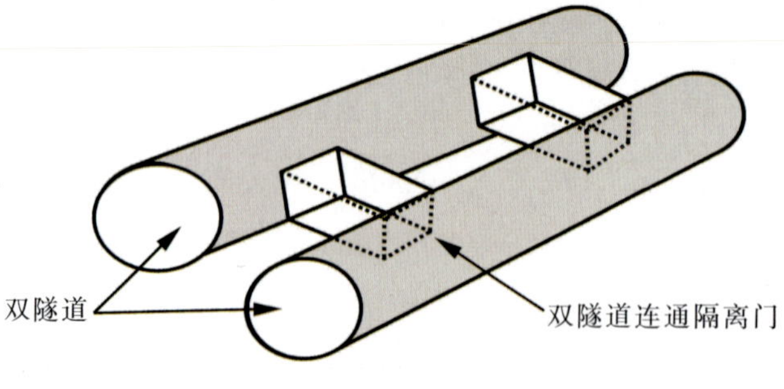

图1–28

引水走向与横断山脉褶皱走向正交，以提高隧道的稳定性。

这样有好多优点，有开挖除渣、分段维修等作用。

2. 引水口

主干引水隧道的引水口很重要，它是集水、水量控制的咽喉。一般不采用拦河筑坝，这种方式不好，不能让河流成为肠梗阻。应采用天人合一的引流分离坝的形式，在引水龙口处设置滚水坝，叫主河道流态不作大的改变，如图1–29所示。

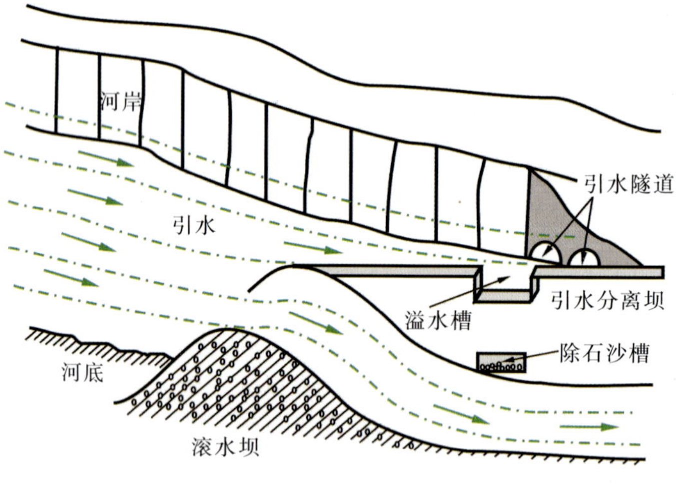

图1–29

引水可以追溯上游距离较远的地方，滚水坝稍具拦阻作用，而阻滞主流下泄。抬开水位，使隧道入口，水量充盈。而引水口由于处于高原落差大的区段，流速较快，就引入隧道，充分利用了这一河流的动能，提高了引入口水的速度，相当于提高了水量，促进了整个引水流动能量。

由于有引水分离坝，在离隧道入口上游不太远处，设置溢流槽口，自动调节隧道入口水位，并设有除石沙槽。

3. 五江河济水

采用斜井将水引入，在黄河交济点采用引出济黄河斜井。济水引入与隧道主干流道，水流方向成一定夹角，要小于60°。由于落差较大，可以在交济处加入地下水力发电，吸收能量，并调节济水与整体的压力平衡。

（1）为防止沙石进入隧道，在隧道引水口前设置沙石除槽。

（2）个别情况渡槽也应采用双槽，密闭式渡槽。

（3）在五大江河相济处考虑出碴口。

（4）祁东、祁西水库及永昌水库、金川峡水库，应尽量利用原自然河谷并尽可能加大库容，最好达15亿m^3以上。

（5）河西走廊支干渠沿祁连山北坡，可以考虑隧道加明渠、裸管渠以及渡槽。

由于引水主干渠全在地下深处，因此容易得到保护，从设计开始就要进行设防构想，令其即使在核战的极端下也不会受到破坏或很难受到致命性破坏，特别是引水口、出水口的设计建设，更应充分利用现代技术、军事技术来进行预防。这是关乎上千万人的生存和国家粮食安全的战略问题，最西线引水工程，应当成为效益好、环保好、永续利用的伟大工程。

1.6　隧道掘进机简介

因为这一南水北调工程的主体工程是引水隧道，这是工程成败的关键，而开挖隧道的工具就是盾构机。现代隧道工程技术在不断进步，盾构机已被大量应用，从而使隧道开挖不再是难题。我国桥梁隧道技术及施工技术一直处于世界先进水平。我国的西南交通大学原唐山铁道学院的优势专业中就有桥隧工程。我国隧道工程专业、大桥建筑专业在世界上处于领先地位，比如钱塘江大桥、南京长江大桥、胶州湾跨海大桥、湘西高速公路大桥、杭州湾大桥等，在我国隧道工程更是可圈可点，比如秦岭终南山隧道、山西吕梁隧道、岛哨岭隧道，在世界上都是闻名的隧道工程。特别是很多国防工程更令人感到自豪和自信。

为了完成这一南水北调伟大工程，也包括后面介绍的海底隧道工程都需要盾构机。我们对盾构机必须有一个初步了解。

1. 隧道掘进机类型

（1）隧道掘进机的定义

隧道掘进机通常可定义为：在金属外壳的掩护下进行岩土层开挖或切割，

岩土颗粒排运、管片拼装或衬砌现浇、整机（同时）推进和衬砌壁后灌浆的隧道挖掘机械系统。

用于土层的隧道掘进机通常被称为盾构，受历史上武侠小说，会土盾的盾行者影响而得名。在实际工程中，隧道掘进机和盾构的称呼并没有严格区分。

（2）隧道掘进机的分类

隧道掘进机可有3种不同的分类方法：按隧道掘进机形状分类、按地层类型分类和按隧道掘进机功能分类。

1）按隧道掘进机形状分类。有使用最多的圆形盾构（见图1–30）；也有统称为异形盾构的盾构，如：矩形盾构（见图1–31a）、双圆形盾构（见图1–31b）、三圆形盾构（见图1–31c）和椭圆形盾构（见图1–32）。

2）按地层类型分类。用于岩石地层的隧道掘进机被称为岩石隧道掘进机（见图1–33），用于土层的隧道掘进机被称为盾构，用于岩石和土层相间地层的隧道掘进机被称为复合盾构（见图1–34）。

①岩石地层有坚硬与软弱、均匀与不均匀、完整与破碎之分，对于完整的岩石地层，不必对开挖面进行支护，因此，隧道掘进机可以是敞开的，对于坚硬岩层或裂隙岩层，要采用护盾式隧道掘进机（见图1–33）。

图1–30　圆形盾构

a.矩形盾构

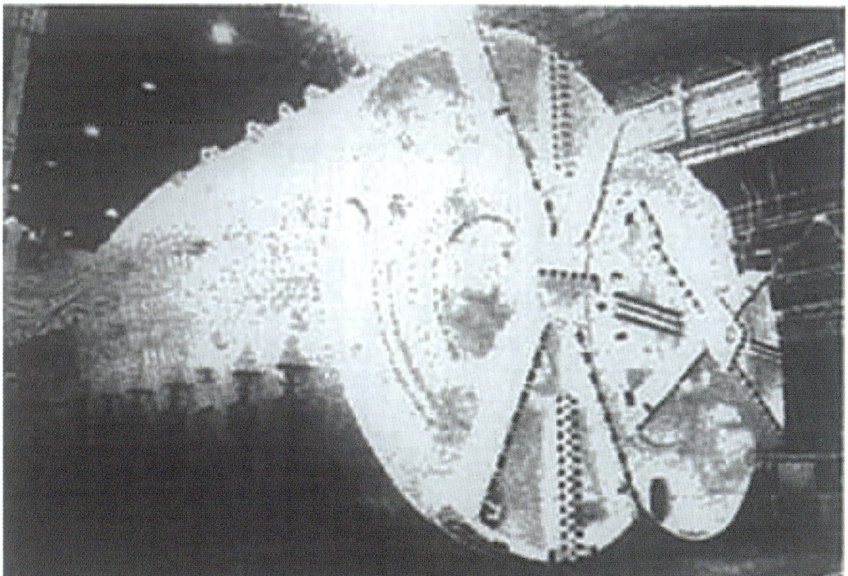

b.双圆形盾构

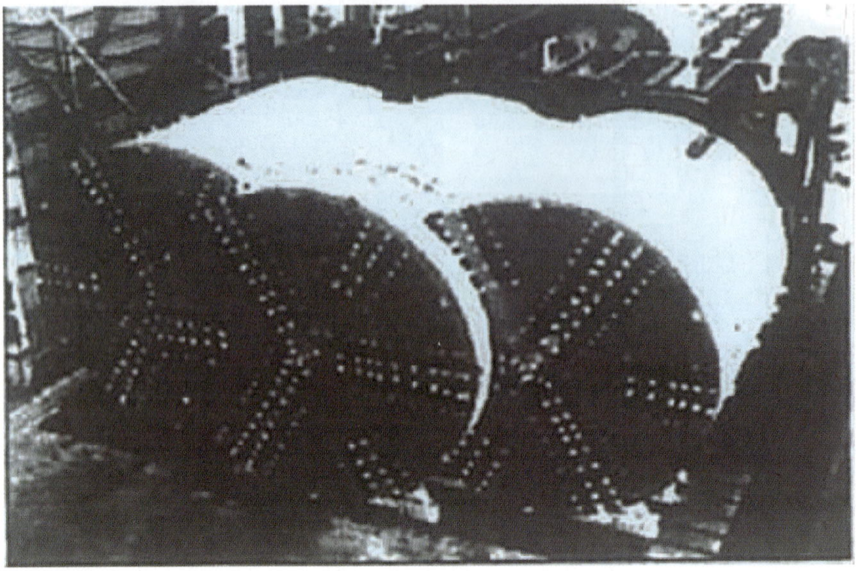

c.三圆形盾构

图1–31

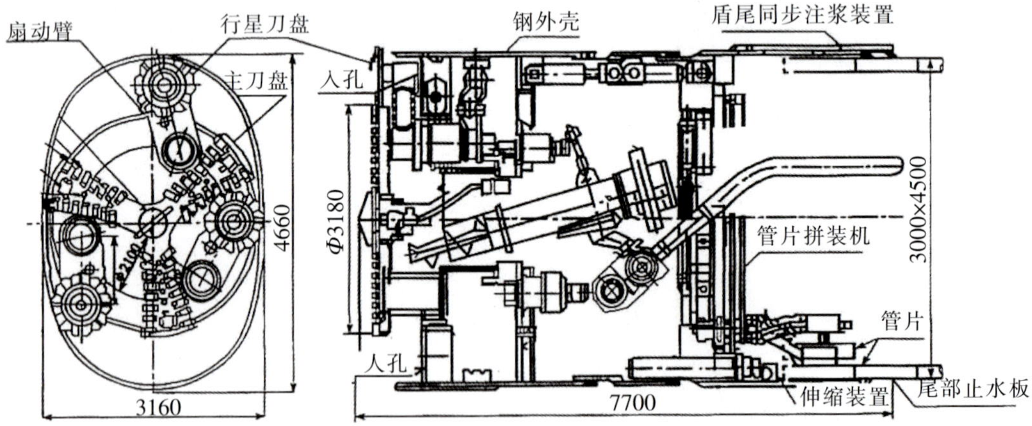

图1–32　椭圆形盾构

图1-33　岩石隧道掘进机

图1-34　复合盾构

②随着土层颗粒大小的不同，盾构机的类型也要随之改变，对于软黏土地层，通常采用土压平衡盾构；对于沙性土层，通常采用泥水盾构。目前的土压平衡盾构和泥水平衡盾构均已成功使用在各类土层中，因此，选择盾构类型时往往要考虑多方面的因素。

3）按隧道掘进机功能分类。有全闭胸式盾构、网格式盾构、气压式盾构、机械挖掘式盾构、土压平衡式盾构、泥水平衡式盾构、敞开式隧道掘进机、复合式盾构和可转换式盾构等等。

2. 不同类型隧道掘进机对地层的适应性

1）全闭胸式盾构（见图1–35）就是开挖面胸板封闭的盾构。当盾构推进时，让土体从胸板局部开口处挤入盾构内。由于全闭胸式盾构把土体挡在胸板外，因此对施工人员来讲比较安全、可靠，没有塌方的危险。

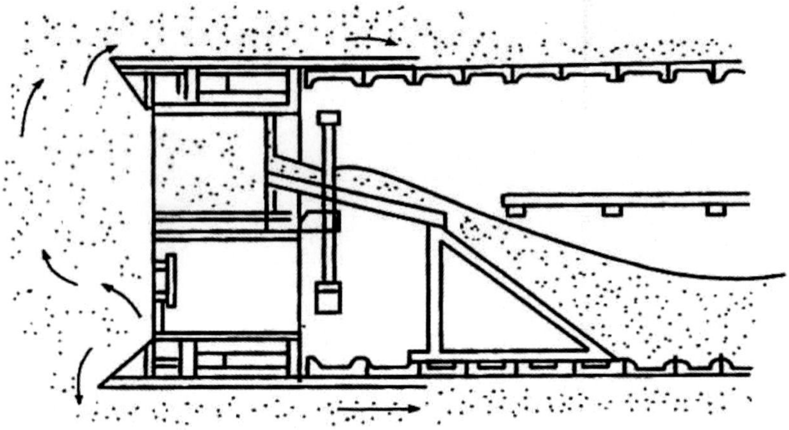

图1–35　全闭胸式盾构

全闭胸式盾构现在已不多见，该类盾构主要用于没有任何变形限制的场合，而且地层必须是非常软的淤泥质黏土层。由于全闭胸式盾构推进是全挤压的，顶力相对较大，隧道轴线也不容易控制，因此相应的管片设计应有环向凹、凸榫，并应考虑通缝拼装，以减少管片环间踏步过大和被顶断的可能性。全闭胸式盾构具有价格便宜、操作方便的优势，可用于非常软的黏土地层中的进、排水隧道施工。

2）网格式盾构（见图1–36）是一种在开挖面装有钢制的开口格栅的盾构。当网格式盾构向前掘进时，土体被网格切成条状，进入盾构后被运走；当盾构停止推进时，网格起到支护土体的作用，从而有效地防止了开挖面的坍塌。

网络式盾构与全闭胸式盾构相比，其对地层的挤压较小，因此，适应的地层可以不必太软，通常是淤泥质黏土层。和全闭胸式盾构一样，该类盾构现在已不多见，而且也是主要应用于没有任何变形限制的场合。网格式盾构具有价格便宜、操作方便的优势，可用于软黏土地层中的进、排水隧道施工。

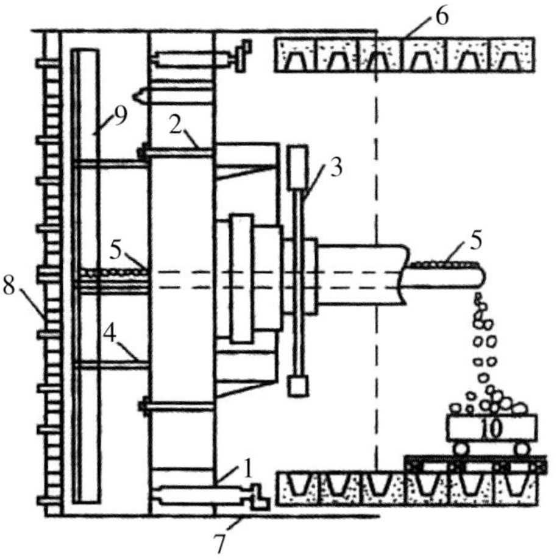

图1–36 网格式盾构

1—盾构千斤顶（推进盾构用）；2—开挖面支撑千斤顶；
3—举重臂（拼装装配式钢筋混凝土衬砌用）；
4—堆土平台（盾构下部土块由转盘提升后落入堆土平台）；
5—刮板运输机，土块由堆土平台进入后输出；
6—装配式钢筋混凝土衬砌；7—盾构钢壳；8—开挖面钢网络；
9—转盘；10—装土车

3）气压式盾构。顾名思义，气压式盾构就是利用压缩空气来平衡开挖面的一种隧道掘进机。这种盾构系在开胸机械式盾构的切口环和支承环之间装上隔板，使切口环部分形成一个密封舱，舱中输入压缩空气，以平衡开挖面的土压力，保证正面土体自立不坍塌。气压的另一个作用是疏导开挖面前方土层的地下水，改良土体的物理性能，以有利于施工。

目前最常见的气压式盾构是局部气压式盾构，加局部气压以使正面土体稳定，与隧道内加气压的全气压施工方法相比，具有衬砌拼装和隧道内其他施工人员不在气压条件下工作的优点，这无疑是很大的优越性。

4）敞开式盾构的种类很多，有人工挖掘式盾构，也有不同类型的半机械和机械挖掘式盾构。机械挖掘式盾构就是在开挖面装上机械挖掘装置来代替人工开挖，机械式盾构通常是反铲挖土机式，土体较硬时，也可安装凿岩钻。

敞开式盾构的主要优点有：

①正面是敞开的，施工人员随时可以观测地层变化情况，及时采用应对措施；

②当在地层中遇到桩、大石块等地下障碍物时，比较容易处理；

③可向需要方向超挖，容易进行盾构纠偏，也便于曲线施工；

④造价较低，结构设备简单，易制造、加工周期短。

敞开式盾构的主要缺点有：

①在含水地层中，当开挖面出现渗水、流沙时，必须辅以降水、气压等地层加固措施；

②工作面若发生塌方时，易引起危及人身及工程的安全事故；

③效率低、进度慢，在大直径盾构中尤为突出。

5）土压平衡式盾构是一种适用于含水饱和软弱地层中施工的盾构，该盾构的前端通常是一个全断面切削刀盘，在盾构中心或下部有一个长筒形螺旋输送机的进出口，其出口在密封舱外。所谓土压平衡，就是盾构密封舱内始终充满了用刀盘切削下来的土，并保持一定的压力，平衡开挖面的土压力，它的螺旋输送机靠转速来控制出土量，出土量要密切配合刀盘的切削速度，以保持密封舱内充满泥土而又不过于饱和。这种盾构避免了前述各类盾构的主要缺点，已成为比较成熟、可靠的盾构机种类，被广泛地应用在软土隧道工程中。

6）泥水平衡式盾构。前面叙述了局部气压盾构的技术难题是连续出土与压缩空气的泄漏问题。在同样的地层压力差和土质相同条件下，漏气量要比漏水量大80倍之多，因此，若在开挖面的密封舱内用泥水压力来支撑开挖面土体，就可大大减少泄漏。刀盘切削下来的土在泥水中经过搅拌，再用泵将泥浆通过管道输送到地面集中处理，这样就解决了连续出土的技术难题，这就是泥水平衡式盾构的优点。

泥水平衡式盾构的辅助配套设备较多，除了要有一套自动控制的泥水输送系统，还要有一套泥水处理系统，所以泥水盾构的设备费用较大，这是它的主要缺点；但泥水处理系统等辅助设备是可以重复利用的，因此，经济上还是可行的。为了废弃泥浆运输上的方便，一般泥水平衡式盾构是用在邻近水域的区域。

假如在泥水盾构的泥水舱内再加入气包调节平衡压力，则就是欧洲式泥水平衡盾构，该类泥水平衡盾构在英语中称之谓mixshield，众所周知，纯泥水压力的控制主要是靠进出浆流量差来实现的，调整进浆泵和排浆泵的变频电机转速，由转速差实现流量差，这就是纯粹的泥水循环理念，即完全依靠液体介质实现泥水压力。而欧洲式泥水盾构压力控制主要靠气压舱实现。鉴于单舱式泥水盾构在掘进中面临着泥水压力的波动风险，即如果地层中存在较大间隙或压力泄漏通道，泥水可能泄漏，泥水舱压力随之降低，地层会沉降；在相反的情况下，如果排浆管堵塞，泥水舱压力则瞬间升高，土体会隆起。由于液体介质的不可压缩性，这种压力波动会十分敏感。相对于液体，气体具有可压缩性，当外界压力变化时，气体可以通过自身体积变化来相应改变并适应外界压力，即有自动调节外界压力功能，但这种调节的幅度较小，是一种瞬间的微调。欧洲双舱式设计就是利用气体的这一有利特性，通过气液两种模式组合，即纯泥水式（泥水流量差）方式和气压方式组合，来实现泥水压力。

7）敞开式隧道掘进机的种类很多，若按挖掘方法分，主要有：钻臂式隧道掘进机（roadheader）、扩孔式岩石隧道掘进机（reamer）（见图1-37）和摇臂式隧道掘进机（mobile TBM）（见图1-38）。

图1-37　扩孔式岩石隧道掘进机

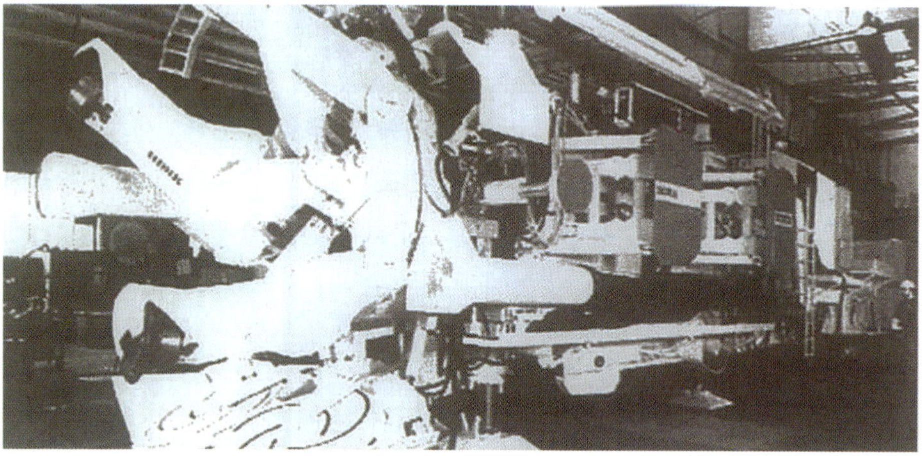

图1-38　摇臂式隧道掘进机

①扩孔式岩石隧道掘进机就是采用同一台隧道掘进机先挖一个直径只有隧道直径一半的导洞，该导洞具有超前地质探查的功用。扩孔式岩石隧道掘进机适用于直径较大的公路隧道，也适宜于南水北调工程应用。

②摇臂式隧道掘进机用于硬岩，其挖掘形状可为圆形、矩形和马蹄形等。由摇臂式隧道掘进机与通常的隧道掘进机挖掘原理之差异比较图（见图1-39）可知，摇臂式隧道掘进机比通常的隧道掘进机更省能量，因为摇臂式隧道掘进机的挖掘原理是剪切岩石，而通常的隧道掘进机的挖掘原理是挤压岩石，显而易见，岩石的抗剪拉强度远远小于其抗压强度。此外，由于摇臂式隧道掘进机挖掘出来的碴石多为片块碴，因此，重复利用的可能性也比较大。同样道理，摇臂式隧道掘进机挖掘出来的碴石必须采用皮带机运输。

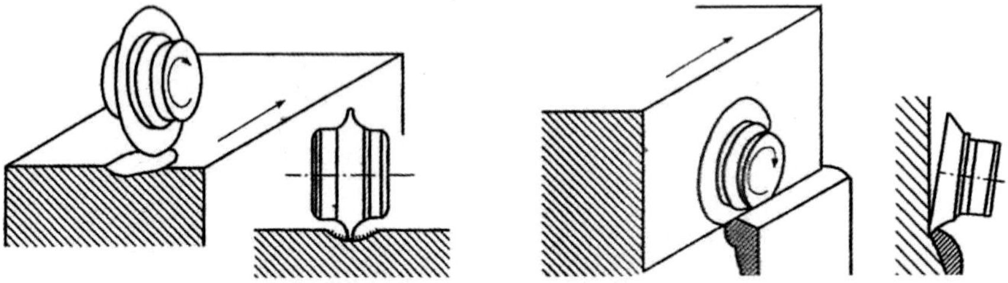

图1-39 摇臂式隧道掘进机与通常掘进机挖掘原理之差异比较图

敞开式隧道掘进机一般用于均匀的软岩地层。当采用敞开式隧道掘进机时，地层的支护形式和程序与新奥法类似，即取决于地层的特性。

8）护盾式隧道掘进机主要有单护盾（见图1-40）和双护盾（见图1-33）两种隧道掘进机。护盾式隧道掘进机可用于坚硬的岩石地层，也是南水北调工程可选用的掘进机之一。

9）复合式盾构是一种同时安装滚刀和大刀盘的盾构，可以用来掘进岩土相间的混合地层。按照开挖面的不同平衡方式，复合式盾构又可分为土压平衡复合式盾构和泥水平衡复合式盾构。

10）可转换式盾构（混合盾构）是一种能在不同地层掘进的盾构。可转换式盾构的英文名较多，有Combined Shield、Polyshield和Convertible Shield。可转换式盾构产生于20世纪80年代初，理论上可转换式盾构能在压气式盾构、敞开式盾构、土压平衡盾构和泥水平衡盾构4种模式之间转换，实际上目前仅看到3种模式之间的转换。

图1-40　单护盾隧道掘进机

3. 隧道掘进机选型的原则

(1) 隧道掘进机选型的依据

按模糊数学方法的结论，隧道掘进机选型要考虑的主要因素依次是水文地层条件、工程环境、施工方法、资金、隧道尺寸、隧道形状、建设周期、人力条件等。按ESQ方法确定各因素主动影响程度排序的结果，隧道掘进机选型要考虑的主要因素依次是水文地层条件、施工方法、工程环境、隧道尺寸、隧道形状、资金、人力条件、建设周期等。显然，水文地质条件是隧道掘进机选型所必须考虑的首要因素。

(2) 隧道掘进机选型的内容

隧道掘进机选型的内容主要有隧道掘进机类型、出土运输方法以及与隧道掘进机技术密切相关的进、出洞区域土体的加固方法和工作井的施工方法。

(3) 隧道掘进机选型的方法

隧道掘进机选型的方法可分为3种：基于岩土工程的选型方法、基于风险分析的选型方法和基于优化决策的选型方法。

①基于岩土工程的选型方法

所谓基于岩土工程的选型方法就是隧道掘进机的选型主要考虑水文地质条件的方法。迄今为止，法国、挪威、意大利和日本分别提出了不同的基于岩土工程的隧道掘进机选型结论，表1-3为国外的基于岩土工程的隧道掘进机选型结论。由于基于岩土工程的选型方法仅仅考虑岩土性质，因此，按此方法选型显然是不充分的。

表1–3　基于岩土工程的隧道掘进机选型表

	手掘式	半机械式	机械式	挤压式	泥水式	土压平衡	泥土加压
腐殖质土	×	×	×	Ä	Ä	Ä	Ä
粉沙、黏土	Ä	×	×	0	0	0	0
沙质粉土	Ä	0	0	×	0	Ä	0
泥岩	×	0	0	×	/	/	/
松散沙	Ä	×	Ä	×	0	Ä	0
压实沙	Ä	0	0	×	0	Ä	0
松散沙砾	×	×	Ä		Ä	Ä	0
固结沙砾	Ä	0	×	×	Ä	Ä	0
卵石层	Ä	Ä	×	×	Ä	Ä	Ä

注：×—表示应慎重研究；Ä—表示基本上能用，但须采取辅助措施，0—表示能用；/—表示不能用。

②隧道掘进机系统因素

系统是由许多元素（如：施工参数、物价等）及元素之间的特别关系所构成的有机整体，如图1–41、图1–42所示。其中元素是形成系统的基础，元素之间的关系是构成系统不可缺少的条件。研究各元素之间的关系是研究

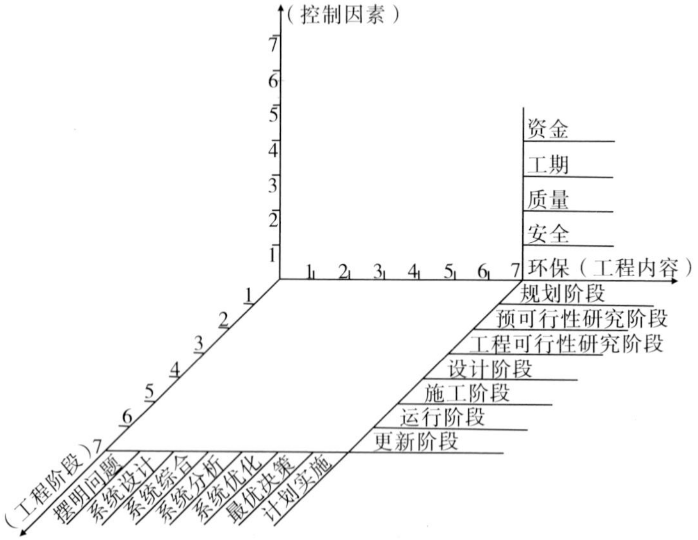

图1–41　隧道掘进机系统工程的三维结构

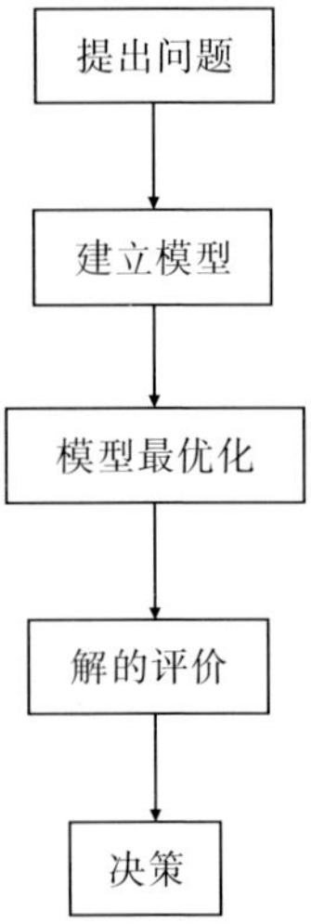

图1–42　处理问题的一般步骤

系统的中心问题，是分析改善系统的关键，各元素之间的相互关联矩阵如表1-4所示。

表1-4 系统内各元素的相互关联矩阵表

元素1	元素1对元素2的影响	…	元素1对元素*N*的影响
元素2对元素1的影响	元素2	…	元素2对元素*N*的影响
…	…	…	…
元素*N*对元素1的影响	元素*N*对元素2的影响	…	元素*N*对元素*N*的影响

4. 主要施工工序及要点控制

（1）盾构推进

①盾构推进主要参数设定

a）正面平衡压力值的设定原则

$$P=k_0\gamma h \tag{1-1}$$

式中 P——平衡压力（包括地下水压）；γ——土体的平均重度（kN/cm^3）；h——隧道埋深（m）；k_0——土的侧向静止平衡压力系数。

盾构的掘进施工中，参照以上计算方法来取得平衡压力的设定值。具体施工设定值根据盾构埋深、所在位置的土层状况以及监测数据进行动态调整。

b）推进出土量控制

$$每环理论出土量=\pi/4\times D^2\times L \tag{1-2}$$

式中 D——盾构直径（mm）；L——管片环宽（mm）。

盾构推进出土量控制在98%~100%。

c）推进速度

正常推进时速度控制在3~4cm/min，穿越建筑物和沉降要求高的地下管线时推进速度宜控制在1cm/min以内。

d）盾构轴线及地面变形量控制

通常工况下，要求盾构掘进时偏离设计轴线控制值不应大于±50mm；施工期间地面沉降量一般控制在+10~-30mm。

②盾构推进的轴线控制

轴线控制通常是盾构法隧道施工中的一个难点，且轴线偏差是检验隧道施工质量的一个最重要指标，所以在施工中必须加以保证。在长近1200km的引水隧道是一个难点，可打竖井定位。

在盾构推进施工过程中，隧道轴线控制除通过每一环的测量、土压力控制盾构切口稳定外，关键在于控制盾构机推进千斤顶（铰接千斤顶）和行程差。

a）轴线控制的基本参数

在施工前需了解盾构主体几何尺寸，如主机长度、各显示推进千斤顶距离、刀盘直径、主体直径、刀盘的宽度、超挖刀最大伸长度、施工各圆曲线有关数据等，这些数据对施工过程轴线控制和计算均起着重要的作用。

b）轴线偏离的基本类型

由于盾构在实际施工过程中受各方面的影响，如地层的变化、同一断面上土体的强度。差异较大、刀具磨损、土压力控制等对推进轴线会带来一定影响，导致偏离。偏离有直线上偏和圆曲线上偏，可用具千斤顶纠正。

施工过程中，盾构司机根据相应的计算偏值对纠偏量作出控制。

c）通过自动导向系统，精确轴线控制

随着电子测量技术的不断发展，新型的自动测量导向系统为盾构提供实时的参数和动态的姿态信息，从而能更及时和有效地控制盾构的姿态。专为盾构施工制造的激光导向仪采用CCD（电荷离合器）技术和计算机图像处理技术，使测量盾构的高程（平面）偏差、平面角和方位角等参数于一体。施工前将设计轴线坐标输入，施工时导向系统就能通过内部配置的微处理器处理采集的测量信息，实时显示盾构姿态的偏差值，使盾构司机第一时间掌握盾构机的轴线偏离情况，及时调整盾构姿态。同时，姿态数据可通过通信线传至地面管理计算机，经数据处理后制成各种统计数据或图形，供现场指挥人员研究和优化施工方案。

5. 管片拼装

(1) 管片介绍

盾构隧道一般采用单层装配式衬砌，钢筋混凝土衬砌的厚度与隧道的直径成正比，一般在275~650mm之间，环宽通常也与直径成正比，一般在700~2000mm之间。衬砌环全环由一片封顶块（key）和若干片管片块（segments）构成。封顶块拼装可先搭接2/3环宽径向推上，再行纵向插入。

在管片环面外侧设有弹性密封垫槽，内侧设嵌缝槽。环与环之间以纵向螺栓连接，管片的块与块之间以环向螺栓相连，能有效减少纵缝张开及结构变形。

衬砌环的拼装方式包括通缝拼装和错缝拼装两种主要模式。为保证装配式结构良好的受力性能，提供符合计算假定的条件，衬砌制作和拼装必须达到下列精度：

①单块管片制作的允许误差：宽度±0.5mm；弧、弦长±1.0mm；外半径

$^{+2}_{-0}$mm；内半径±1mm；螺栓孔径及孔位±1.0mm。

②整环拼装的允许误差；相邻环的环面间隙≤1.0mm；纵缝相邻块块间间隙为1mm$^{+1}_{+0}$mm（其中1mm为传力衬垫）；衬砌对应的环向螺栓孔不同轴线小于1mm。

（2）管片选型

①在确保盾构机沿隧道设计轴线的前提下，选择合适的管片类型和正确安装管片将是保证隧道质量的主要措施，管片选型错误会导致以下问题：

a. 管片走向与盾构机掘进方向不协调；

b. 盾尾间隙过小或过大；

c. 盾构机操作和管片安装困难；

d. 损坏盾尾刷；

e. 注浆浆液中泥水进入工作面；

f. 隧道渗漏水；

g. 管片错台、破损及裂缝等缺陷。

②选择正确的管片必须考虑以下因素：

a. 设计线路特点；

b. 推进千斤顶的行程差（左右和上下）；

c. 盾尾间隙（上、下、左、右）；

d. 盾构机掘进方向与设计轴线的相对关系；

e. 成型隧道轴线与盾构机轴线的相对关系；

f. 错缝拼装。

根据上述因素，可以在一环掘进前预先确定该环的管片类型，完成该环掘进后，再根据最新的数据进行微调。

③管片选型是否合理正确主要体现在以下几个方面：

a. 隧道轴线偏差很小，管片拼装的外观质量好；

b. 上下左右的盾尾间隙比较均匀；

c. 推进千斤顶的行程差较小。

在自动导向系统中，一般还配置管片选型的软件，完成一环掘进后，在盾构机操作手的操作下，该软件能自动根据千斤顶行程、盾尾间隙和已装管片的类型等基础数据预测出未来若干环的管片类型。

（3）管片拼装

管片选型确定后，管片安装的好坏直接关系到隧道的外观和防水效果。

一般情况下，管片安装采取自下而上的原则，具体的安装顺序由封顶块的位置确定。管片（按拼装顺序）由电机车和单、双轨梁电动葫芦或其他运输设备运到工作面后，由专人对管片类型、龄期、外观质量和止水条黏结情况等项目进行最后一次检查，检查合格后才可卸下，再由拼装机进行安装。

管片的拼装有一定的程序及很多的注意事项。

6. 隧道掘进机技术特点

现代隧道掘进机技术发展的另一个特征就是信息技术方面的新应用。德国VMT公司的SLS-T隧道掘进机导向系统，是计算机与激光技术的隧道掘进机施工中成功应用的一个典型实例。未来隧道掘进机技术的发展方向可以是地理信息系统（GIS）的应用。我们有理由做这样的遐想：在不远的将来，你要在地球上任何一个地方建造掘进机隧道工程，只需在电子地图上点出位置和深度，计算机就能告诉你该选用何种类型的盾构机和具体的施工方法。

由于隧道掘进机工程的施工过程具有周期循环特征，因此，特别适用于计算机模拟。计算机模拟具有节省费用、效率高等优点，目前有的顾问公司已开始采用计算机模拟技术模拟以下内容：

（1）盾构机的掘进速率（SESS）。在模拟过程中可考虑隧道长度、工作井深度、运输车能力、运输车速度、出碴量和出碴方法以及土层条件（含土体颗粒膨胀率、掘进速率等）。

（2）隧道沿线的土体变化情况及隧道掘进速度。模拟隧道沿线土体变化是一项有挑战性的工作，由于地质调查报告通常只能给出隧道沿线间断的地层参数，模拟技术不仅需要将不连续的数据连续化，还要保证其与实际土层情况相符，这就是困难所在。显然，模拟技术只能给出各种土体变化和相应的各种掘进速度的可能性，因此，答案一定是不确定的。模拟软件对工程的模拟分析结果表明：由于试掘进期间是学习过程，各种模拟结果与实际掘进速度相差较大，当进入正常掘进后，各种模拟结果与实际情况就要符合。

（3）隧道掘进参数。模拟隧道掘进参数通常是根据过去在相似地层中的经验，或根据专家的观点设定的初始模拟值，此后，模拟值可通过软件的学习性不断修正，使之与实际相符并预测下阶段的最佳参数值。对于土层情况较为均匀的地区，如我国的长三角部分地区，该软件能较有效地模拟，但对于像广州地区地层条件无序多变的场合，用计算机模拟并不可靠。

新世纪隧道掘进机技术的研究热点可以用4个字来描述，即“深、大、长、快”。

“深”。随着地下空间的进一步开发，隧道越挖越深已是趋势。污水隧道已经建到50m以下的深度。瑞士的Alp Transit Project山岭隧道和我国的秦岭隧道最大埋深已经超过2300m，在那里，如何降低隧道内的温度已经成为隧道施工者的一个新的难题，降温措施所占的费用已经占了施工总费用的10%以上。我国将建造的南水北调西线工程隧道的埋深也将达到1600m，甚至到3000m以上，届时也会有类似的问题。

“大”。最大的盾构隧道直径已经达到14.90m，该盾构由NFM制造，用于荷兰的Groene Hart隧道。将来最大盾构隧道可望达到20m，但需要解决管片衬砌的承载力和精度、开挖面稳定等问题。本文论述的南水北调工程希望隧道直径在20m以上。

“长”。单线长度达47km的输水隧道已经在引黄入晋工程中建成。我国中部南水北调西线工程中的单线将达100km以上。在长距离隧道中，必须注意地质状况的变化、刀头耐久性和换装技术、施工运输等问题。随着人们修建长隧道能力的不断提高，建造连接全球的地下通道将成为可能，隧道的作用也将不断地加大。

“快”。快速建造隧道不仅意味着工程费用的大幅度下降，而且也将减少隧道施工与人类其他活动的相互影响，从而促使人们更多地选择隧道方法。上海的隧道工程实践表明，均匀、快速地掘进隧道可以明显地减少地层变形，快速掘进可使开挖面前方变形减少80%左右。连续掘进、高速开挖、自动运输、快速拼装是实现快速掘进的主要手段。

岩石中的隧道掘进机技术已经达到113.21m/d的速度。为了能像岩石隧道那样连续掘进，国外的同行为此做了各种努力，其中有D2公司提出的边掘进边拼装的特殊管片形式和管片销钉连接方法、Herrenknecht制造的φ9.79m连续掘进盾构已在荷兰获得成功应用。

对出土和管片进行连续运输的施工组织设计是提高盾构隧道施工速度的又一种努力，新型的管片连续运输和快速拼装系统可以将每块管片的拼装时间减少43%。

对管片的设计进行革新也是一个不容忽视的方面。管片设计的改进，不仅可以改善衬砌结构的受力和防水特性、降低工程造价，而且可以大幅度提高盾构隧道的推进速度。近年来，英国Mort MacDonald公司提出的通用管片(universal segment)，具有不必通过另做楔子环即可形成三维曲线隧道的优点。

隧道掘进机技术的现状可概括如下：

①设计概念和施工方法呈多样性；

②受其他学科进展的推动，特别是计算机技术日新月异的发展，隧道掘

进机技术目前正处于快速发展阶段，其发展趋势难以预测；

③世纪之交的人类比以往任何时候更注意环境保护和可持续发展，隧道掘进机因此将获得比以往更多的应用。

在隧道掘进机施工领域，虽然已有大量的工程实践和理论研究，并取得了引人瞩目的进步。但依然存在一些非常重要的、有待于业内人员进一步解决的难题，比如：

①开发快速掘进复合地层的隧道掘进机；

②软土中相邻隧道的极限最小距离确定；

③开发软弱地层中更有效的同步注浆方法和安全更换盾尾技术；

④开发长距离隧道施工的快速和连续运输方法；

⑤了解泥水和土压平衡盾构开挖面稳定的动态平衡机理；

⑥盾构施工的实时信息反馈技术、远程遥控技术、数字化技术和智能仿真技术的工程应用；

⑦隧道掘进机越挖越深，要充分认识深埋隧道特点；

⑧掌握隧道工程与散热技术，对深埋引水线的研究。

我国应从现在起研究超长、超深的隧道开挖及其相应的掘进机技术。像西藏铁路研究冻土层那样，作出预研成果。

1.7 引水主隧道工程的实施

引水主隧道近1200km，采用双隧可连通的结构形式。隧道直径为20m。当然得采用20m的隧道掘进机，如果直径20m，则毛孔肯定超过20m，应选用适合的掘进机，由于大部分属于深埋的隧道岩石性工程，为利用地质结构，其隧道走向的开始段与横断山脉的脉岭成正交形式。

正如前节介绍的内容，其掘进速度113m/d。双向掘进，每台为600km，则理论上需要600km÷113m/d=5310d=14.75a≈15a。考虑、准备、维修等诸多原因，工期最少15年。

因为是双隧洞实际上是4台掘进机同时工作。15年才能完成。为缩短时间，必须将整个隧道分段。同时施工，全程可分成2大段；同时施工，当然应当选埋深为浅的地方，或是利用五大江河相济的引水斜洞，作为切入施工点。如果按2大段分4小段，平均每段300km，双向掘进为每台掘进机平均要担当300km的任务，这样要8台掘进机，若分成4大段则要16台掘进机，每台担当150km任务，则需3.7年。分2大段：300km÷113m/d=2124d≈7.3a。实际上这是净掘进机时间。考虑准备时间、维修时间、故障检修，肯定超过掘进时间，还有修路、修斜井的时间可能是掘进时间的2倍以上。由于埋深，线路长，分段有时不合算，最多分三四段也就不错了，多台掘进机同时工作，估计完成得近10年时间，所以这一工程可以在一代人时间内完成，也就是可在我们这一代青壮年手中完成中华民族这一伟大工程，这无疑是对现代人一个欣慰和巨大鼓舞。

诚然，这是一项伟大工程，有很多困扰，如埋藏深、隧道长，地质情况也较复杂，排碴难，隧道中心轴线控制难，施工地质条件差等，要逐一克服。可能还有意想不到的困难。应及早启动，做好准备工作。

配套工程应当同时进行，为稳妥起见，灌溉土地可分两步走，先解决河西走廊的6000万~8000万亩（1亩≈666.7m^2）农田问题，第二步，再解决上亿亩农田的问题。

前面已讲过，在引水口处，采用分流引水，分水处仍采用低水头滚水坝，充分利用雅鲁藏布江的激流水速，在隧道入水口，从经济流速2m/s，提高到3~4m/s，实际上充分利用了隧道。

入口处，应采用老祖先发明的都江堰分流除防沙、溢流、调水方法，见前节内容，见图1-29。

考虑到隧道空间的载量，采用双洞输水，我们从另一角度来分析输水。

隧道面积$\pi r^2=\pi\times10m^2=314m^2$。以2.5m/s的水流计，则隧道过水量$314m^2\times2.5m/s=785m^3/s$。双隧则$785m^3/s\times2=1570m^3/s$。而雅鲁藏布江平均流量为4439.4$m^3/s$，引水处大约3000$m^3/s$，而引水量是恰当的，相当雅鲁藏布江水流的1/2，因此也是合理可行的。则日输水：$1570m^3/s\times3600s/h\times24h$=13564.8万$m^3/d$。如果一年有270d输水，则一年输水：13564.8万$m^3\times270d$=3662496万m^3/a=366亿m^3/a。如按每亩（1亩≈666.7m^2）需水360m^3计，则灌田10173.6万亩。如果将水速提高至4m/s，则一年可输水585.6亿m^3/a。则可以浇地1.6278亿亩。

当然要考虑通水时间、维护保养、水速、输水损耗。如果考虑水的输送损失、蒸发等因素，也要耗去10%左右，因此实际上分别达到1亿亩和1.5亿亩，这是未考虑五大江河相济水量。全面考虑南水北调后，除河西走廊外，新疆哈密地区几千万亩荒漠地也会成为良田。

最西线南水北调无疑对我国西部水资源紧张是一个极大的补充。

如果其余五江联通相济，新疆吐鲁番和北疆还可有上千万亩得到甘露滋润。

这一主干隧道工程，已有很多隧道工程可借鉴，如：我国引黄入晋长达47km。我国中部南水北调隧道（非最西线）已达100km，还有秦岭隧道、乌峭岭隧道。这都为我们提供了很好的借鉴。

1.8　大江大河不要肠梗阻——三峡大坝的未来

现代人们在不少大河上修起了大坝，拦水发电防洪，这带来了一定的利益，但从现实人类自然环境来讲，无疑是改变了自然状态，实际上是破坏了自然生态，目前，出现的现象已说明了很多问题。大江大河的定期涨落有枯有洪，是大江大河的呼吸，拦河大坝破坏了江河的呼吸，对于河中生物的繁衍生存都是一个破坏。三峡大坝修成，使调节长江的洞庭湖、鄱阳湖失去了调节功能，而成一倾死水，引来一些生态灾难，而且鱼类回游阻断，造成灭绝，江水混浊，无涤荡的机会。那么，能否找到一个既利用江河，又不破坏或破坏很小的办法呢？中华民族有中华民族的智慧，伟大的都江堰工程就是一个很好的代表，见图1–43。

图1–43　都江堰图

都江堰就是一个天人合一的范例，采用疏导的方式，顺应自然，合理利用，不改变岷江主河道，采用合理分流，恩泽四川两千多年，使成都成为天府之国，它并没有采用拦河大坝断流方式。同样，广西的灵渠也是这样，顺应天势，巧夺天工，发挥了上千年的作用。还有陕西关中的郑国渠，都体现了中华民族的智慧。

西方人是采用头疼治头、脚疼治脚的方法。得了病，开一刀，立竿见影，倒也痛快，有时也真管用。中医是大系统理论，讲究疏导调节，所以很多疑难病，西医无法治好，中医却可以治愈。

拦河筑坝，在主干河流上建筑大坝，将江河水拦腰挟断，使江河产生了肠梗阻，我国的三门峡工程就是个教训的样品，在美国也出现了类似的情况。而且产生国家安全、国防安全问题，中下游的几亿人顶着个定时炸弹。周恩来总理对三峡大坝工程就曾讲过，如临深渊，如履薄冰，要慎之又慎。而且从水力学上，建大坝、造水库也是不尽合理。

一个水流系统的能量可用下式表达：

$$Z+\frac{P}{\rho g}+\frac{V^2}{2ga}=W_{总能}$$

式中　Z——位能；P——静压能；V——动压能；g——重力加速度；ρ——密度；a——速度分布系数，当a=1时为湍流 a=1/2时为层流。

而三峡大坝一拦，Z位能没充分利用，动压能损失了，只有静压能成为作功的主原动力。

从长远来看，三峡工程改造势在必行，从现在坝上的180m处起，上溯修一个水平隧道直到与主干流相交处引水，通过水平隧道使水流进入发电机水轮机入水管，三峡不必有一个平湖，就可发电。也可在180m的高程与主干相交以上找一个地方，给长江主干河造修一个旁通的小一点的水库，实现蓄水，又有调节作用，像以前洞庭湖作用一样，洪时蓄、枯时吐。以后在大江大河上都应这样来建发电站，很值得商榷。使三峡大坝起一个小范围的调洪作用，在防洪上发挥作用，将船闸改造成主流通道，甚至将来修成过水坝，生态恢复了，国防危险也就消除了。我们应吸收我们祖先的智慧，实现天人合一，水不能全部都堵住，应有一部分活水，人不能太贪婪，要学习都江堰的修建观念。

1.9 不要大坝和水库的巨型水力发电站

雅鲁藏布江的大拐弯处，如乳头状指向祖国的北方，要用丰沛的江水滋养干渴的西北，这是上天对我中华民族的眷顾。

其实上天对我中华民族的眷顾不止上述这些，从雅鲁藏布江大转弯处，形成500多km的大峡谷，而水位的落差近2000m，如在大峡谷的入口处是西藏林芝地区米林县的派镇，海拔2950m，而大转弯后出来到墨脱海拔950m，海拔差2000m，见图1–44。

图1–44

雅鲁藏布江围着南迦巴瓦峰绕个圈，而派镇与墨脱的直线距离约有40km，如果由派镇大峡谷入口向东南开掘一个引水隧道，穿过喜马拉雅山到墨脱县的汗密（有一个小河道），将其作为水的出口，建一水电站，实际隧道长也就30多km，考虑入口河床低于派镇的海拔等因素，落差也有1800m，因此不用修拦河坝，不用修水库，就可以建一个大型水电站，造价低，国防上安全。大转弯处建电站，难度大，自然生态难保护。但派墨水电站不存在这些问题。

我们反演推算一下此水电站的规模容量。

如果将水流的1/5，即300亿m^3用来发电，其实只用了很少一部分水流，所以可行。也就是：流量Q=300亿m^3÷8760h=0.0342466亿m^3/h≈342.47万m^3/h；转换系数为367.2；扬程H为1800m；泵效η为按0.8计，若用泵将水从低往高处打，则需功率

$$P_n=\frac{HQ}{367.2\eta}=\frac{1800\text{m}\times 342.47\text{万 m}^3/\text{h}}{367.2\times 0.8}$$
$$=\frac{616446\text{万}}{293.76}=20984681.3\text{kW}$$
$$\approx 2098.5\text{万kW}$$

如果按能量守恒原理，以及考虑到转换效率，则接近：2000万kW（还未考虑流速的动压能）。这与三峡水电都相近了，还未将动能计算在内。而这一水电工程投资节省费用少，无环境破坏，而且入口引入我们祖先2000多年前就采用的都江堰调水排沙方法。

而且将主流还是馈入主河道，供给下游和南水北调用，除南水北调用水外，还有相当部分的水进入主流河道，成为盈缺调整，保护生态的用水。免去了在大转弯处难施工、破坏生态的诸多弊端。

就在墨脱的汗密巨型水电站下游，背崩乡附近，在雅鲁藏布江上修一个带有快速泄洪闸的大坝形成库容100亿m^3以上的水库，日常发电，当然也是个大型电站，还有一个重要作用就是保护下游的印度阿萨姆邦，布拉玛普德拉河流域免于洪水之灾，当然这也是有战略意义的，因这一地区是印度富饶的农业区，占印度良田的十分之一。

1.10　完成最西线南水北调工程的措施

1. 成立最西线南水北调开发研究院

尽早开展研究工作，先从气候、地质、隧道设备、总体方案、规划供水网络开始。

2. 成立西部水工大学

这是一项需要一代甚至几代人完成的伟业及长期管理任务，因此要有专门人才的培养和人才资源的供应的基地。

其学校应以西部南水北调为专业目标，设有高原气象、高原地质、水力水利、隧道工程、隧道机械、系统工程、经济技术工程、运输交通、干旱农业、运营管理、系统运行等专业。

3. 为保证工程高质量，实行永续追究责任的机制

为了保证这一千秋伟业的高质量，全部工程做到公开透明，所有项目工程要建立完整的招标、监理、施工机制。所有工程，其内容、进度、结果、参加人员都要记录在案。参加此工程人员应当宣誓入岗，并建立永久追究责任制，一旦出现问题，就要追究法律责任，坚决防止贪腐、偷工减料，豆腐渣工程。同时建立功业纪念碑，让参加这一伟大工程的人员为自己作出的贡献而自豪。

4. 建立最西线南水北调的水文化

这是一项伟大的工程，是中华民族复兴的基业，我们创造了万里长城文化、都江堰文化，我们现在就应有意识地将伟大工程的丰富内容，形成文化，使我中华儿女永立世界民族之林，生生不息，永续辉煌。

参考文献

[1] 哈尔滨地图出版社. 中国地图册. 哈尔滨：哈尔滨地图出版社，2008
[2] 星球地图出版社. 西藏自治区地图册. 北京：星球地图出版社，2008
[3] 周北燕，石家星. 中华人民共和国地形图. 北京：中国地图出版社，2003
[4] 中国地图出版社. 中国地图册. 北京：中国地图出版社，2011
[5] 黄晓凤. 中国国家地理. 北京：中国大百科全书出版社，2010
[6] 白云，丁志诚. 隧道掘进机施工技术. 北京：中国建筑工业出版社，2008.
[7] 陶沙. 世界地理常识地图. 济南：山东地图出版社，2012
[8] 星球地图出版社. 甘肃省地图册. 北京：星球地图出版社，2011
[9] 中国地图出版社. 新疆维吾尔族自治区地图册. 北京：中国地图出版社，2010
[10] 星球地图出版社. 青海省地图册. 北京：星球地图出版社，2008
[11] 云南省地图院. 云南省地图册. 北京：中国地图出版社，2013
[12] 中国地图出版社. 印度地图册. 北京：中国地图出版社，2010
[13] 单之蔷. 最富美景的村庄——来古村. 中国国家地理，2005（9）
[14] 单之蔷. 桃花园里有冰川——米堆林. 中国国家地理，2005（9）
[15] 王静爱，左伟. 中国地理图集. 北京：中国地图出版社，2009
[16] 中国地图出版社. 中华人民共和国地形图. 北京：中国地图出版社
[17] 翟文明. 地理常识全知道. 北京：中国华侨出版社，2011
[18] 闻君，倪亮. 中国地理1000问. 北京：中国地图出版社，北京工业大学出版社，2009
[19] 中国地图出版社. 中国地图册：地形版. 北京：中国地图出版社，2009

［20］中国地图出版社. 世界地图册. 北京：中国地图出版社，2009
［21］［印］泰戈尔. 泰戈尔诗选. 合肥：黄山书社，2009
［22］吴九辅. 泵控泵（PCP）自动化注水泵站系统. 北京：石油工业出版社，2007

第2章 北水南调

2.1 干旱风沙无常的北国

内蒙古地处我国的北疆，它像一只弯弯的香蕉，镶嵌在我国东北的西部，华北的北部，西北的东北角。

内蒙古自治区地形地貌以内蒙古高原为主体，最北是呼伦贝尔高原，中东部是锡林郭勒高原，西部是鄂尔多斯高原、阿拉善高原。内蒙古具有复杂多样的地理形态。除东南部外都是高原，平均海拔1000m左右，海拔最高点是贺兰山主峰3556m。高原的四周分布着大兴安岭，在内蒙古的北半部呈东北西南走向，还有阴山山脉，在内蒙古的中部横贯东西，并连接着大青山、贺兰山，内蒙古西部还有北山、龙首山。整个内蒙古北部是山地，河流较多，有森林覆盖，是我国寒冷地区。内蒙古中部有断断续续的沙漠、沙地，比较大的沙漠在内蒙中西部，如毛乌素沙漠、腾格里沙漠、乌兰布和沙漠、库布齐沙漠、巴丹吉林沙漠，还有东南部的科尔沁沙地，中部的浑善达克沙地。在大兴安岭东麓、阴山脚下和黄河岸边有多处平原；内蒙古北部属于低山寒冷地区，河流较密集，山地森林茂密。大兴安岭是我国有名的森林蓄积区，而且有呼伦贝尔大草原、科尔沁大草原、大青山麓大草原。河流有黄河、额尔古纳河、嫩江、海拉河等。

内蒙古西部毗邻蒙古国，西部之北一部分与俄罗斯交界，从北向南与黑、吉、辽、冀、晋、陕、宁、甘八省市交界，是我国与其交界最多的省份，东西直线距离2400m，南北跨度1700m，面积118万m^2，占全国总面积的12.3%，见图2–1。

内蒙古是“北国”的主体之地，由于地理位置、气候条件、地理地形的影响造成内蒙古干旱少雨（不匀）、风大、沙尘大，而这些恶劣的气候也是无常的，本质还是缺水、缺水、缺水。

内蒙古气候以温带大陆性气候为主，降水不匀，风大，寒暑变化剧烈。春季气温骤升，夏短而炎热，降水集中，秋季气温剧降，冬季漫长严寒，多寒潮天气，年平均气温0~8℃，坝上冬天酷冷难耐，早已闻名。内蒙古属降水

图 2-1　内蒙古地势图

量少的地区，特别是内蒙古西部属干燥无雨地区，年总降水量50~450mm，蒸发量高于1200mm。大风日多，有时多达40天，是我国扬沙、沙尘暴源地之一，而且是影响首都北京、辽宁、华北、陕西等地，成为沙尘最近之源。

如何保护内蒙古大草原，防止沙化，防止沙尘影响首都及华北、陕北，就成了一个民生大问题。尽管建立了防护林，但是未能根本改变现状，问题本质还是缺水。降水情况见图2–2。图中内蒙古西部年降水量在50mm，之后是100mm，巴彦淖尔、乌海处于年降水量在100~200mm地区，包头、锡林浩特等内蒙大部分处于年降水量在200~400mm地区。

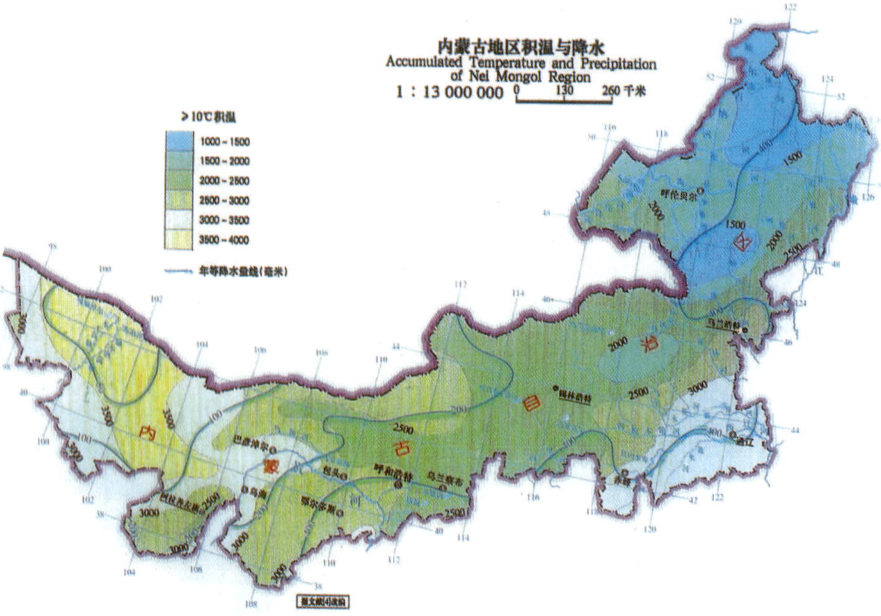

图2–2 内蒙古降雨分布

21世纪是人类关注气候的世纪，人类如何适应自然、利用自然，发挥人类的能动性、自制性，成了21世纪的重大课题。

2.2 实现北水南调

内蒙古区域中部西部干旱、多沙地、沙漠，而内蒙古北部处于大兴安岭北端雨量较多，河流密布，是属于黑龙江水系，地面水充沛。额尔古纳河是黑龙江的上游，河流平稳，水量充盈，在内蒙古这段的平均年径流量也有100亿m^3多。在大兴安岭东面的嫩江是松花江的最重要源支流，松花江年径流量

762亿m^3，而嫩江差不多是它的1/3。还有其他河流如海拉尔河、根河、诺敏河等。北水南调最好是以自流为主。北水南调就是利用大兴安岭的河流水源，因地势较高成为自流的主流，但这很有限，真正的大小水源是额尔古纳河和嫩江，根据它们的年径流量提供上百亿立方的水是完全可能的，就是要消耗能源。从下面计算结果看还是可以接受的，现在是有北水可以南调，问题是怎么调，也可以有条件地实现自流，其方案有两个。

1. 北水南调方案一

北水南调主要解决内蒙古中部、西部用水问题，东南科尔沁沙地和浑善达克沙地及周边用水问题，以及二连盆地和北京用水问题，改善草原环境及降低对北京、辽宁、华北、陕北的沙尘影响。内蒙古北部两条河的水源是充足的，调水主要考虑规模和成本问题。

由于北水南调的路径是沿大兴安岭一直到浑善达克沙地，再远到二连盆地。在大兴安岭南部，在霍林郭勒处，可以有一个分支去科尔沁沙地。临近科尔沁沙地的通辽海拔在450m以下，从霍林郭勒到科尔沁沙地自流没有问题。而浑善达克平均海拔为1000m左右，在锡林浩特以北，有些地方海拔在500m左右，而额尔古纳河上游的呼伦湖面海拔只有545m。因此要想自流，就得利用海拉河、诺敏河和绰尔河，在其上游，实际是大兴安岭山麓的680m海拔处，也就是在乌尔其汗东、古利牙山西修一个水库，应取名北岭水库，蓄海拉尔河水，同时也将诺敏河上游700m海拔处打通一个隧道，距离大概20km，将诺敏河水也引入北岭水库，然后从北岭水库开渠南下，沿大兴安岭东侧经博古图、绰尔、塔尔气，将绰尔河水也引入，再沿大兴安岭东侧，直到霍林郭勒北沿大兴安岭西侧（有个较低峡谷），到西乌珠穆沁旗，奔向锡林浩特，到浑善达克沙地北缘，在霍林郭勒北，由大兴安岭东侧转入西侧，刚好这是一个海拔较低的峡谷。整个干渠经过的主要城镇有牙克石市、塔尔气、霍林郭勒市、西乌珠穆旗、锡林浩特市。为加大水源，可将额古纳河水在根河入额尔古纳河口处，提升200m，输距180km，通过管道引水打入北岭水库，可使用泵控泵（PCP）技术做到节能、压流可调。采用高效大排量的双吸泵。从额尔古纳河取水口也就是根河河口到北岭水库只有180km。

当然也可以从嫩江的嫩江镇取水，放入北岭水库，其距离250km，除了距离还要提升高度。这样会增大输水泵的功率，提升高度有300m。

提升高度主要是为了北水南调引水渠一直以自流状态进入浑善达克沙地北部，甚至到二连盆地，乃至相济北京密云水库。

其水渠走向见图2–3。

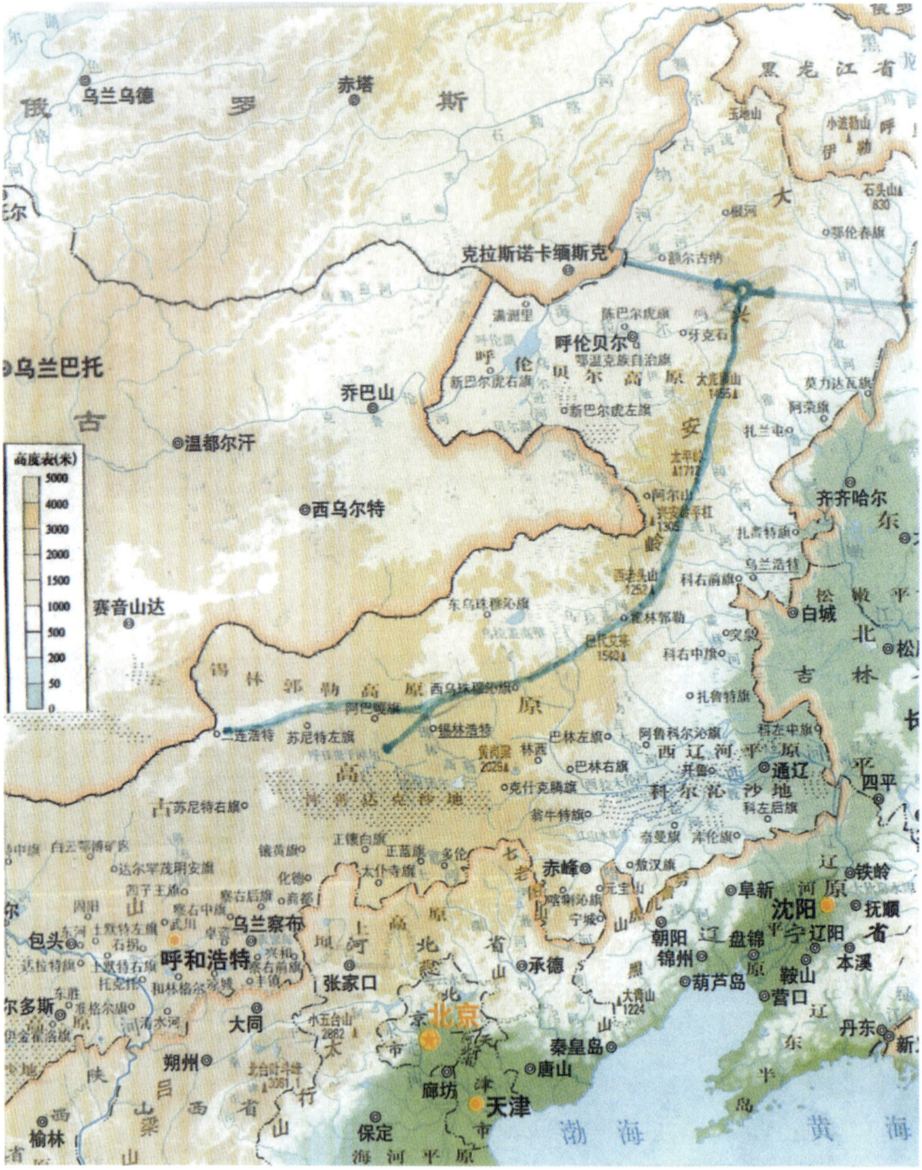
俄
罗
斯
乌兰乌德
赤塔
黑龙江省
克拉斯诺卡缅斯克
满洲里
陈巴尔虎旗
呼伦贝尔
牙克石
呼伦贝尔高原
鄂温克族自治旗
新巴尔虎右旗
新巴尔虎左旗
乌兰巴托
乔巴山
温都尔汗
西乌尔特
赛音山达
高度表(米)
5000
4000
3000
2000
1500
1000
500
200
50
0
大
兴
安
岭
齐齐哈尔
白城
松
嫩
平
原
吉
林
锡林郭勒高原
二连浩特
苏尼特左旗
锡林浩特
西乌珠穆沁旗
阿巴嘎旗
林西
巴林左旗
巴林右旗
西辽河平原
科尔沁沙地
通辽
四平
浑善达克沙地
克什克腾旗
翁牛特旗
赤峰
阜新
铁岭
沈阳
抚顺
朝阳
锦州
盘锦
辽阳
本溪
鞍山
营口
葫芦岛
丹东
包头
呼和浩特
乌兰察布
张家口
承德
北京
大同
朔州
秦皇岛
唐山
廊坊
天津
保定
榆林
渤海
黄海

图2-3

关于北岭水库，取海拉尔海口之水只是上游一小部分，留有一部分河水让其沿原河道下流。进入北岭水库以6m³/s计，则每小时为3600×6m³/h=2.16万m³/h，其中诺敏河也控制在2.16万m³/h。

由于额尔古纳河水量充沛，可以作为北水南调的主水源。其提升泵可选用2000m³/h的排量，扬程200m。其消耗功率为

$$P_W=\frac{Q\cdot H}{367.2\eta}=\frac{2000\times200}{367.2\times0.85}$$

$$=\frac{4\times10^5}{312.12}=1281.6\text{kW} \tag{2-1}$$

式中　Q——流量（m³/h）；H——扬程（m）；367.2——系数；η——泵效。

则单耗为

$$W_{单}=\frac{P_W}{Q}$$

$$=\frac{1281.6（功率）}{2000（流量）} \tag{2-2}$$

$$=0.64（\text{kW}\cdot\text{h}）/\text{m}^3（单耗）$$

按每度（kW·h）电0.5元，则单耗费用为0.64度/m³×0.5元=0.32元/m³，再加上地面引水口到北岭水库阻力损失也差不多是这个单耗值。总计为每方水也就1元。

因此北水南调，采用自流和泵提相结合是可行的。

如用20台泵，则每小时可泵水为2000m³/h×20=4万m³/h，加上自流部分为6万m³/h（未计诺敏河量），一年按8000h计，供水6万m³/h×8000h=6×0.8=4.8亿m³。相当一条河，按普通旱田、草地，每亩（1亩=666.7m²）只要200m³水就可以了，则4.8亿m³÷200万亩=48000÷200=240万亩。

则耗电功率1281.6kW/台×20台=25632kW=2.56万kW，加上地面输水也就5万kW。如果想要可浇草原扩大10倍，即2400万亩，所需消耗功率也只有50万kW左右，因此是可以接受的。

何况内蒙古风大，风力资源丰富，完全可以做到由绿色能源取代，而对额尔古纳河、嫩江无任何影响，完全在两河的河流呼吸范围内。

见图2-4美丽充沛的额尔古纳河。

见图2-5海拉河畔的大兴安岭。

见图2-6浑善达克沙地。

图2-4　美丽充沛的额尔古纳河

图2-5　海拉河畔的大兴安岭

图2-6　浑善达克沙地

2. 北水南调方案二——冰糖葫芦式的引水工程（珍珠链式引水工程）

前面已讲过，呼伦贝尔湖面海拔550m，海拉尔河入额尔古纳河口处，也就540m，而科尔沁沙地海拔450m以下，因此从海拉尔河汇入到额尔古纳河的河口处引出一条渠，流向东南科尔沁沙地，从海拔上看可以实现自流，但要通过呼伦贝尔高原，穿过大兴安岭，除大兴安岭可用隧道引水外，其余地方应作成“冰糖葫芦式”的引水工程。由于一些地表就在500~600m海拔高度，可以采取地下穿管道（隧道），过一段修一个大水塘，甚至一个小湖，在引水干渠沿线，可修几个、成百上千个水塘小湖，而后由引水隧道连通，像一个稀疏穿好的冰糖葫芦，也像一串珍珠项链。这样，不管地表高低，其湖塘只是相对深度不同，引水隧道的海拔高度和坡度的安排不同，完全可以在高程上进行安排，就可以从额尔古纳河到科尔沁沙地的引水渠实现自流。这样做还有好处，不用建桥，保持地面通行。湖塘暴露，可提供地面用水，改善局部地区空气质量，可以讲是地面上的坎儿井，如图2-7所示。

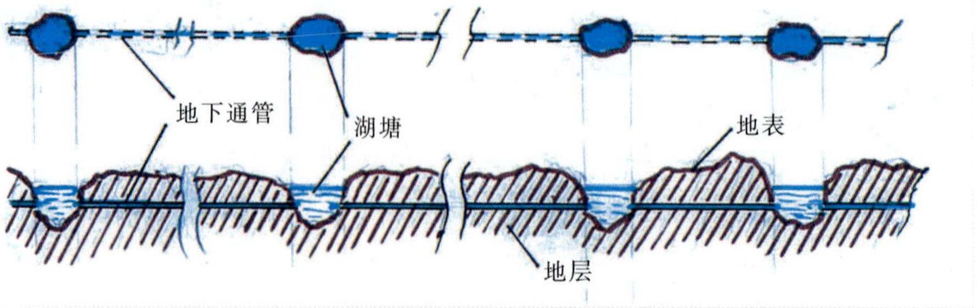

图2-7 冰糖葫芦式引水渠示意图

湖塘相当冰糖葫芦串上的红果，而地下隧道相当于穿糖葫芦的竹签。这样的方式不受引水两地间地势的限制，只是湖塘的坑的深浅、地下隧道管的海拔安排问题。当然这种工程要考虑一定开挖量和隧道式涵管的筑设问题。作为解决干旱和改善气候环境，还是值得的。

其走向如图2-8所示。

因为科尔沁沙地在边缘高处海拔才400m，所以可以实现自流，而北京密云水库大坝海拔170m，当然也可实现自流。

由此可以大大改善科尔沁地区一些用水，特别是科尔沁沙地用水。修上支渠，还可对通辽乃至阜新供水。全程800多km，落差近100m，可修成上百个湖塘，成为内蒙古的“项链”。当然也可以从大兴安岭隧道出来的水与第一方案干渠并行，沿锡林郭勒高原进入二连盆地，只是地下隧道和湖塘深度要深，以适应地势较高，对于锡林郭勒这一缺水地区水到渠成，无疑如降甘露。

这样的工程无疑是千年大计，地下通管可修成隧道形式，湖塘大小可根据地面需要来设计，湖塘成为高原上一串明珠，滋润干渴的高原，而且免除明渠修筑桥梁。解决草原用水，保护草原，建成林业堡垒，固沙、防沙都能发挥作用。

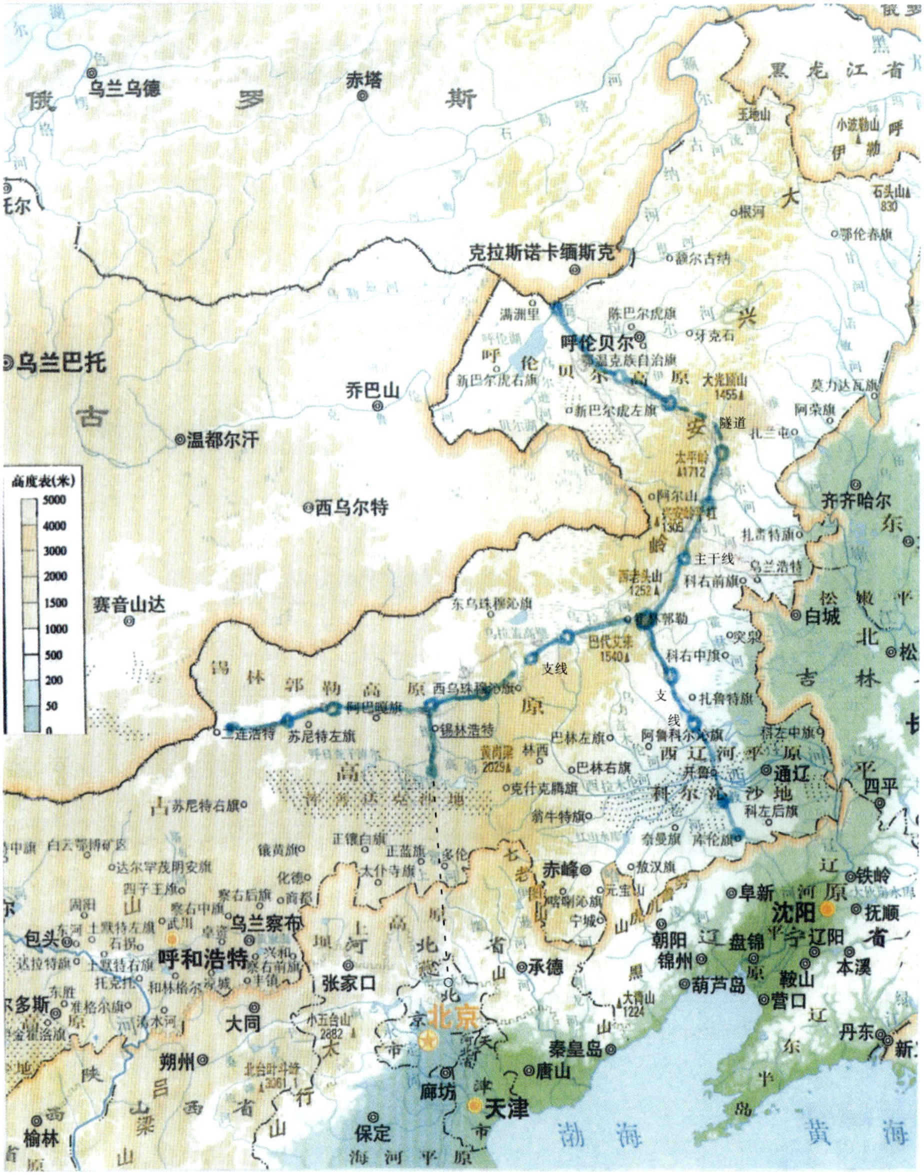
乌兰乌德
赤塔
俄　罗　斯
黑龙江省
小波勒山
石头山 830
大
兴
安
岭
根河
鄂伦春旗
额尔古纳
克拉斯诺卡缅斯克
满洲里
陈巴尔虎旗
呼伦贝尔
牙克石
鄂温克族自治旗
新巴尔虎右旗
新巴尔虎左旗
呼伦贝尔高原
大光顶山 1455
莫力达瓦旗
阿荣旗
扎兰屯
隧道
太平岭 1712
阿尔山
齐齐哈尔
扎赉特旗
主干线
乌兰浩特
西老头山 1252
科右前旗
白城
乌兰巴托
乔巴山
温都尔汗
西乌尔特
赛音山达
高度表(米)
5000
4000
3000
2000
1500
1000
500
200
50
0
东乌珠穆沁旗
霍林郭勒
巴代艾来 1540
突泉
科右中旗
支线
扎鲁特旗
松嫩平原
吉林
锡林郭勒高原
西乌珠穆沁旗
阿巴嘎旗
二连浩特
苏尼特左旗
锡林浩特
黄岗梁 2029
林西
巴林左旗
巴林右旗
阿鲁科尔沁旗
科左中旗
西辽河平原
开鲁
通辽
科尔沁沙地
科左后旗
四平
克什克腾旗
苏尼特右旗
浑善达克沙地
翁牛特旗
奈曼旗
库伦旗
白云鄂博矿区
达尔罕茂明安旗
镶黄旗
正镶白旗
正蓝旗
多伦
太仆寺旗
化德
商都
赤峰
敖汉旗
元宝山
喀喇沁旗
宁城
阜新
铁岭
沈阳
抚顺
辽阳
本溪
鞍山
营口
盘锦
锦州
朝阳
葫芦岛
大青山 1224
辽东半岛
丹东
包头
呼和浩特
乌兰察布
张家口
承德
北京
天津
廊坊
唐山
秦皇岛
保定
大同
朔州
小五台山 2882
北台叶斗峰 3061
榆林
海河平原
渤海
黄海

图2–8

2.3 永久性的绿色长城，内蒙古中部的蓝宝石项链

由于北水南调，形成人工河，进一步演变成一个人工水系，可以营建150m宽，1000km长的绿色林带，建立起使辽西、冀北、北京的沙尘大大减小，从而带来良好的环境效应，对降低北京PM2.5是根本性的，使沙地、荒漠被切割，形成上千公里的绿色长城，像一串绿色的宝石项链，挂在内蒙古的中部，捍卫着首都北京及北方的重要城镇，防止或减少沙尘暴天气。图2–9为美丽的内蒙古草原，创造建成内蒙古的地上“坎儿井”。可以自流形式，也可自流加提升相结合，将水量加大，可以惠及内蒙古中、西部地方。

图2–9 美丽坦荡的内蒙古呼伦贝尔大草原

改善沿河城镇供水状况，为经济发展提供条件，并可以形成几百万亩良田。可以使千万亩草原得到改善，解决人畜饮水、浇地、灌溉问题。而且大大改善气候环境，解决缺水的问题。

参考文献

[1] 中国地图出版社. 中华人民共和国地形图. 北京：中国地图出版社，2003
[2] 山东地图出版社. 中国知识地图册. 济南：山东地图出版社，2007
[3] 内蒙古自治区地图制印院. 内蒙古地图册. 北京：中国地图出版社，2013
[4] 章六顺. 东北三省地图册. 西安：西安地图出版社，2005

[5] 白云，丁志诚. 隧道掘进机施工技术. 北京：中国建筑工业出版社，2008
[6] 吴九辅. 泵控泵（PCP）自动化注水泵站系统. 北京：石油工业出版社，2007
[7] 聂洪文. 俄罗斯地图册. 北京：中国地图出版社，2012
[8] 哈尔滨地图出版社. 世界地图册. 哈尔滨：哈尔滨地图出版社，2005

第3章 莱胶—运河

3.1 山东半岛海域形势——裁弯取直的航道

打开地图仔细观察山东省，它的形状像一只蓄翅待飞的芦雁，荣山角就是它的嘴儿，蓬莱就是它的顶冠，而颈部正是渤海的莱州湾与黄海的青岛胶州湾之间弯细的陆地。山东半岛这只芦雁刚好将渤海与黄海分开，而胶州湾像是芦雁颈下的吊坠，但是缺了个吊链，如果画上个吊链，这正好是山东半岛最窄陆地的地方，只有100km，正好将莱州湾与胶州湾连通，实际上正好将渤海与黄海直接连通。如图3–1所示为山东地貌图。这条吊链意义重大，从渤海出渤海海峡的船舶，可以不再绕山东半岛的尖部，而变成直线，最小可以少绕500~600km，节省十几个小时。

如何将渤海黄海连通，我们看一下山东半岛地形图，见图3–2。在修渤海黄海连通运河的地方，刚好是胶莱平原，海拔不超50m。可沿大沽河、胶莱河上溯经平度市西到莱州湾。修莱胶运河，已经摆在了高速发展的中国面前。

3.2 环渤海经济发展的战鼓声急

渤海东北部有辽宁省，西部有天津市、河北省，南与山东省相邻，辽宁半岛与山东半岛对峙，形成只有百多公里的渤海海峡，渤海面积71万km^2，平均水深18m，最大深度70m。其地理形势见图3–3。

渤海已成为我国的内海，渤海湾地区已成为我国能源、化工、机电、外贸、军事的重要基地，环渤海区是我国开放以来的后起之秀，已逐渐显示出它强大的活力，而且沿海很多港口是我国北方的重要贸易港口。

沿渤海湾已形成了一圈港口，从辽宁的营口、盘锦、锦州包括葫芦岛、兴城到河北的秦皇岛、唐山港（包括曹妃甸）、天津港及河北的黄骅港、黄河入海口的山东东营港、龙口等大大小小八九个，有的是综合性海港如天津大港，有的是煤用码头如秦皇岛，有的是渔港，有的是重要军港，其中天津港货物吞吐量已达5亿~6亿t，秦皇岛已达3亿t左右，营口1亿~2亿t，还有其他一些港口，加起来大约有10亿t/a以上，每年要有几十万条船来完成这一巨大的

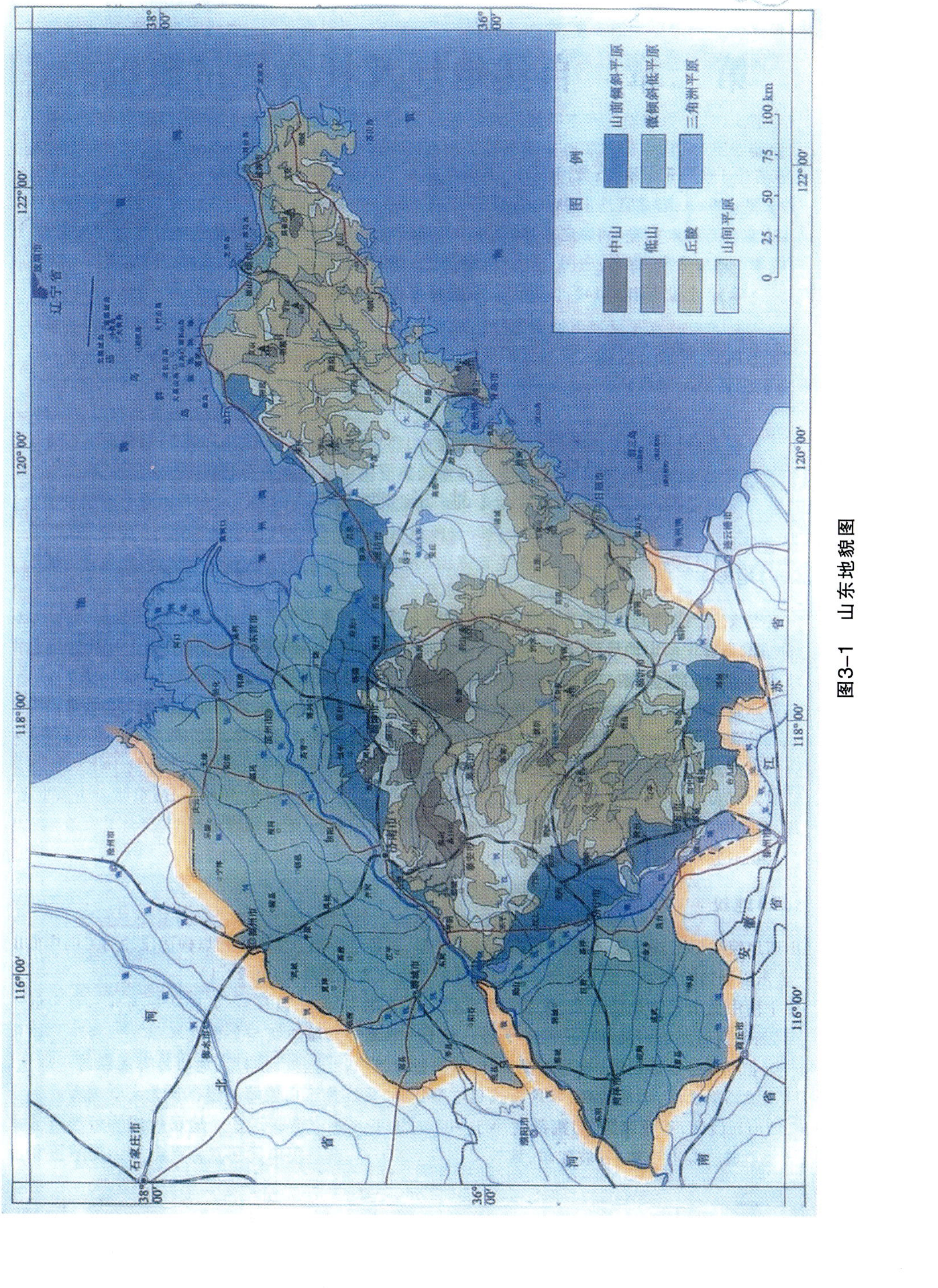

图3–1　山东地貌图

渤　海
渤　海　海　峡
黄　海
北隍城岛
大钦岛
砣矶岛
大竹山岛
庙岛群岛
大黑山岛
长岛县
南长山岛
桑岛
蓬莱市
龙口市
芝罘区
威海市
刘公岛
海驴岛
福山区
烟台市
莱州湾
招远市
814▲艾山
艾山
牙山
栖霞市
牟平区
昆嵛山
922▲泰礴顶
805▲牙山
荣成市
文登市
莱州市
大泽山
736▲大泽山
莱阳市
乳山市
昌邑市
寿光市
潍坊市
平度市
莱西市
海阳市
苏山岛
昌乐县
坊子区
胶莱平原
胶东丘陵
沂
安丘市
高密市
即墨市
崂山
千里岩
胶州市
城阳区
巨峰 1132.7
丘　陵
胶州湾
青岛市
诸城市
黄岛区
潮连岛
胶南市
五莲山
灵山岛
五莲县
515▲五莲山
莒县
东港区
日照市
莒南县
岚山区
平岛（平山岛）
车牛山
达山岛（达念山）
海州湾
连云港市
江苏省
陆高海深（米）
1500
1000
500
200
50
0
50
100

图3–2　山东半岛地形图

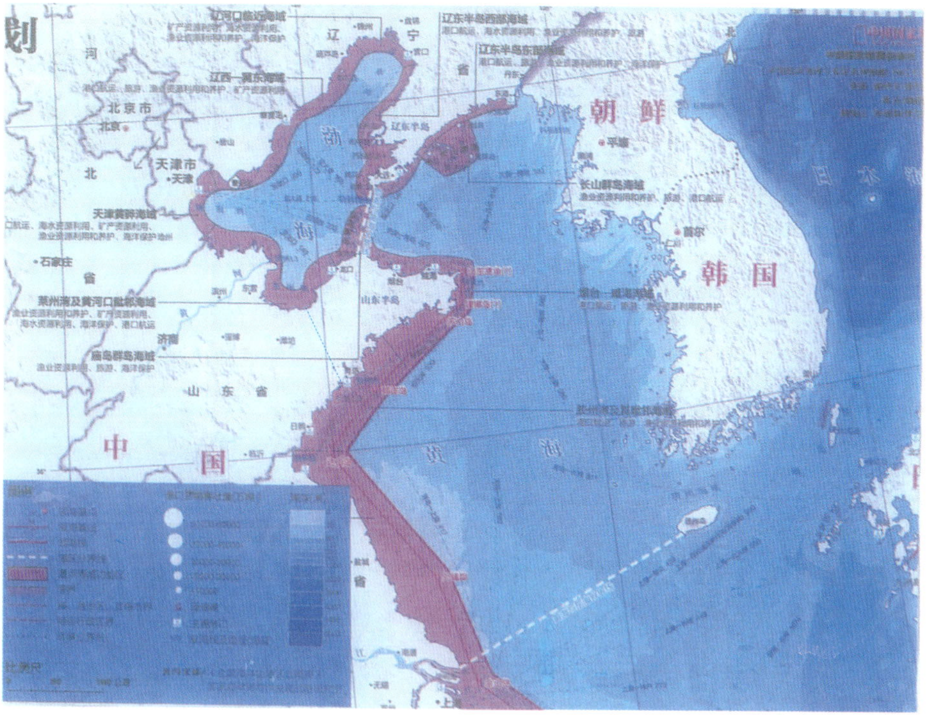

图3–3　渤海图

运输任务，进出都要从渤海湾绕山东半岛，航程长，成本当然也就会高，莱胶运河形成后，除航程缩短外，更重要的是运输时间可以缩短近2/3。

随着我国经济高速发展，环渤海经济区已形成，辽宁工业基地，甚至东北区经济，老工业区的振兴和发展，沈阳、锦州、长春、哈尔滨的辐射作用，京津唐地区的辐射作用，都日益显现出来，山东是一自成体系，配套的区域，近些年来发展更快。

美丽的山东胶东半岛，在工业、农业、旅游都是最发达的地区之一，山东人的团队精神，奋斗精神都在这里得到了充分体现，就是在城市和农村规划建设上，都是那么统一、整齐、大方，显得特别有秩序、有层次感，而山东半岛周围是重要航道，不管是进、出渤海都要绕过山东半岛，才能达到航行的目的地。

山东为中国东部沿海经济强省，早在改革开放前就已起步腾飞，经济发展居全国各省市区前列，有着很好的发展基础和巨大的发展潜力。工业部门齐全，科技实力雄厚。纺织、轻工、机械、电子、化工、能源、冶金、建材、食品为9大支柱产业。山东有很多海内外知名企业，如胜利油田、齐鲁石化、海尔集团、双星集团、海信集团、济南汽车、张裕公司以及山东东铝等，已成为山东的经济支柱。山东的农业发展也很好，以粮为主，农林牧渔综合发展，小麦、高粱、玉米为主要农产品，而且水果、蔬菜、渔产在国内占有重要地位。GDP已超过2万亿元，是居全国第二的经济强省，也是人口大省，有人口九千多万，旅游大省，人文、自然景观处处皆是。也是人才辈出、人杰地灵之乡，历史上的孔子、孟子、孙子及王羲之、辛弃疾、李清照等，也包括当今的诺贝尔文学奖获得者莫言及词作家乔羽，还有不少军事家、政治家、科学家，可以说杰才济济，不胜枚举。

无疑莱胶运河为山东带来新的发展支撑点，更是国家的战略举措，军事上更有深远意义。

当我国黄海、东海有事时，从渤海基地支援也就不绕路了，时间可缩短十几个小时。因此，能否裁弯取直就成了关键，从地图上看莱州湾到胶州湾的直线距离只有100km，一旦修通，将渤海的重要的海港、军港与青岛、上海直接联系起来。可以直出黄海、东海，而且出渤海有了两个通道，渤海成了巨大可靠的海军演习培训的基地。所以开凿一条运河就很有意义，见图3-4为莱州湾海滩图。

图3-4 莱州湾海滩

3.3 优越的地理条件

这条运河由于北起莱州湾，南到胶州湾，因此叫莱胶运河比较合情合理。前面曾讲过莱胶运河，在一直线距离只有100km。而且是山东胶东半岛之间的山间平原区。平均海拔在50m以下，这给开修运河创造了优越的条件。

特别对天津港、黄骅港、葫芦岛港、营口港、龙口、东营港意义更重大。可以缩短东出南下的里程，大大提高运输效率，为国防提供了一个更安全、更捷径的通道。由于莱胶运河的开通，山东半岛成了海岛，轮船、舰艇可以环山东胶东岛环行，对本来就很发达的胶东无疑是更大的促进，临海发展，变成环海发展，未来的胶东岛面积与我国第二大岛海南岛面积相当，当然一定要考虑将来航母也能通行。

渤海成为我国双通的内海，这在国防安全，内海战略移动，反击力量的使用，无疑更容易保护，生存能力更强，达到与陆基移动、太空移动共同构成战略威慑的目的，成为摧不毁的战略平台。

每年的通行费，运输节能燃料消耗费，每船次节省的时间综合起来都有几十亿元。见图3–5为繁忙的胶州湾跨海大桥，气势恢宏。

图3–5 雄伟的胶州湾大桥

山东以山地丘陵为骨架，平原盆地交错环列，境内大部地区为平原、洼地，余为鲁中南，胶东两个低山丘陵。平原海拔多在50m以下，而且平原边缘土层较薄，下面是基岩，所以山东好多地方不耐旱。海边除岩、沙滩外，很多是盐碱地。山东中部山地隆起，地势较高，主峰就是名山东岳泰山，海拔1545m，为全省最高点。主要山脉有泰山、蒙山、鲁山、沂山和徂徕山，鲁东丘陵多在500m以下，鲁北、鲁西平原多在50m以下。山东河流分属黄河、海河、淮河3大流域，大运河在山东西部贯穿南北，还有些小河直接入海，绝大多数流量很小，已近干涸。

莱胶运河沿程因为地势平坦，地表以淤积层为主，所以开挖较易，运河的南头可利用大沽河入海的一段到兰村西边，再向北开挖至平度再折向莱州湾的虎头崖附近，尽可能利用干涸河道，以节约用地。使平度市成为一个内陆港，对胶莱地区将产生巨大的带动作用，使胶东半岛成了一个完岛，发展环岛经济，本来胶东就是经济发达的地方，莱胶运河开通，更是锦上添花。

为保证通航能力应开挖宽60~70m以上，深不低于25m，以便大型舰船通过。

见图3-6为莱胶运河走势图，如浅蓝粗线所示。

3.4 挖出的土沙石“废物”，变废为宝，造一个新的小青岛

运河进行开挖会挖出大量的土沙石，而成为废料，堆积会造成污染，占用地面，为此应将其充分利用。在开挖时采用分段挖掘，直接装船，运往青岛进行填海造地。

现估计一下开挖量：

开挖的运河，下底宽为60m，上宽80m（这是最低值），深25m，长度以100km计（其实要长）。

$[60\text{m（底）}+80\text{m（上宽）}]\times\frac{1}{2}\times25\text{m}=70\text{m}\times25\text{m}=1750\text{m}^2$，为运河截面积。

其开挖体积：横截面积×长度$=1750\text{m}^2\times100\text{km}=175\times10^6\text{m}^3=175000000\text{m}^3$，为其开挖总量。

在开挖施工中，可以采用分段挖掘，随进船运工艺程序，见图3-7示意图。

开挖段挖好后，装船运走，将临时隔墙再挖开，海水进入开挖段（当然事先要进行地质处理），运土沙石船随进，开挖下一开掘段。

开挖出的土沙石废料直接由船运走，给青岛填海造地，解决青岛发展、土地极缺的问题。如填浅海，平均深为5m以内，则可造地面积：开挖总量÷平均海深=造地面积，即$1750\times10^5\text{m}^3\div5\text{m}=350\times10^5\text{m}^2=35000000\text{m}^2$。如果50万$\text{m}^2$一

渤海
渤海海峡
黄海
北隍城岛
大钦岛
砣矶岛
大竹山岛
大黑山岛
长岛县
南长山岛
庙岛群岛
桑岛
蓬莱市
龙口市
芝罘区
福山区
烟台市
威海市
刘公岛
海驴岛
莱州湾
招远市
814▲艾山
艾山
栖霞市
牙山
805▲牙山
牟平区
昆
922▲泰礴顶
荣成市
文登市
莱州市
大泽山
736▲大泽山
莱阳市
胶前
乳山市
昌邑市
寿光市
潍坊市
平度市
莱西市
海阳市
苏山岛
昌乐县
坊子区
胶莱平原
胶东丘陵
即墨市
崂山
城阳区
千里岩
安丘市
高密市
胶州市
巨峰 1132.7
胶州湾
青岛市
诸城市
黄岛区
胶南市
潮连岛
灵山岛
五莲县
515▲五莲山
莒县
五莲山
东港区
日照市
莒南县
岚山区
平岛（平山岛）
车牛山
达山岛（达念山）
海州湾
连云港市
江苏省
陆高海深（米）
1500
1000
500
200
50
0
50
100

图3-6

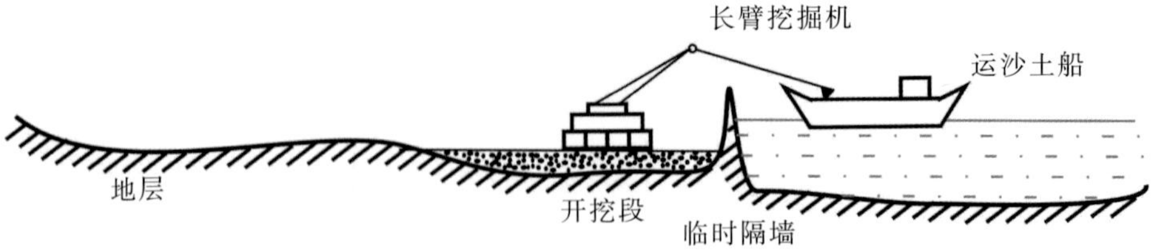

图3–7

个小区，则可建造：$35000000m^2 \div 500000m^2 = 350 \div 5 = 70$个，还是很可观的。如果以5000元/$m^2$拍卖（实际青岛地皮很贵，而且稀缺），$350 \times 10^5 m^2 \times 5000$元/$m^2$=$3500m^2 \times 5000$元/$m^2$=1750亿元其经济效果也很可观。

因此开发莱胶运河应做一个系统工程统一筹划，实行内部平衡，争取少花国家财政，就可以将其完成，运作上应采用招标，争取不拿国家钱就能办大事的市场运作方式。当然要考虑开挖后的桥梁通道，土地使用赔偿问题。

参考文献

[1] 中国地图出版社. 中华人民共和国地形图. 北京：中国地图出版社，2003
[2] 山东地图出版社. 中国知识地图册. 济南：山东地图出版社，2007
[3] 中国地图出版社. 山东省地图册. 北京：中国地图出版社，2013
[4] 张颖. 中国及重点海区功能区划. 北京：中国国家地理杂志社，2012
[5] 尹嘉珉. 山东地图册. 北京：中国地图出版社，2012

第4章 东水济疆工程

4.1 吐鲁番的葡萄甜又甜、哈密瓜大又圆，只是果园一点点，还是缺水源

这首赞美新疆特产的歌儿早已深入人心，游葡萄沟、吃哈密瓜成为人们一项向往的旅游活动，吐鲁番独特的气候使这里的葡萄、瓜果甜又脆，而无虫害，不用打药，全是绿色食品。如何发展吐鲁番地区的区域特色经济，如何利用特殊自然条件，成为新疆发展要思考的问题，吐鲁番葡萄、鄯善的哈密瓜、哈密的大枣，都是区域的特产，但是我们不能只有一个葡萄沟，一个鄯善绿洲，而是要有更多的葡萄沟和绿洲，关键是水，水，水。

吐鲁番是我国最低洼地方，艾丁湖海拔为-154m，而且湖面也不断缩小，为维持生态平衡，防止艾丁湖干涸，保持周围的绿洲，必须将水引入吐鲁番，这也是唯一的解决办法。由于当今的技术发展，国力的增强，目前已能完成和实现这一梦想。新疆地势见图4-1。

4.2 富有魅力的吐鲁番葡萄沟

吐鲁番市位于天山东部博格达山南麓，是火焰山下的一处峡谷，吐鲁番盆地中心。葡萄沟位于新疆吐鲁番市区东北11km处，隶属于吐鲁番市吐鲁番县城东北的葡萄乡，人口8972人距城市中心10km，海拔300m，吐鲁番市区距乌鲁木齐市184km，因盛产葡萄而得名，是新疆吐鲁番地区的旅游胜地。2007年5月8日，吐鲁番市葡萄沟风景区经国家旅游局正式批准为国家5A级旅游景区。

吐鲁番市市域南北长约262km，东西狭窄不规则，最宽处约90km。市域除少数绿洲外，大部分是干燥的砾石沙漠。葡萄沟系火焰山西侧的一个峡谷，南北长8km，东西宽0.6~2.0km，沟谷狭长平缓。沟谷西岸，悬崖对峙，崖壁陡峭，犹如屏障。沟内有布依鲁克河流过，形成溪流环绕，水质纯净。就是这条河，成为葡萄沟的生命之源。

吐鲁番的夏天可是出了名的热，堪称中国的热都火洲。8月份基本上每天的气温都在42℃以上，故有“沙窝里煮鸡蛋之称”。

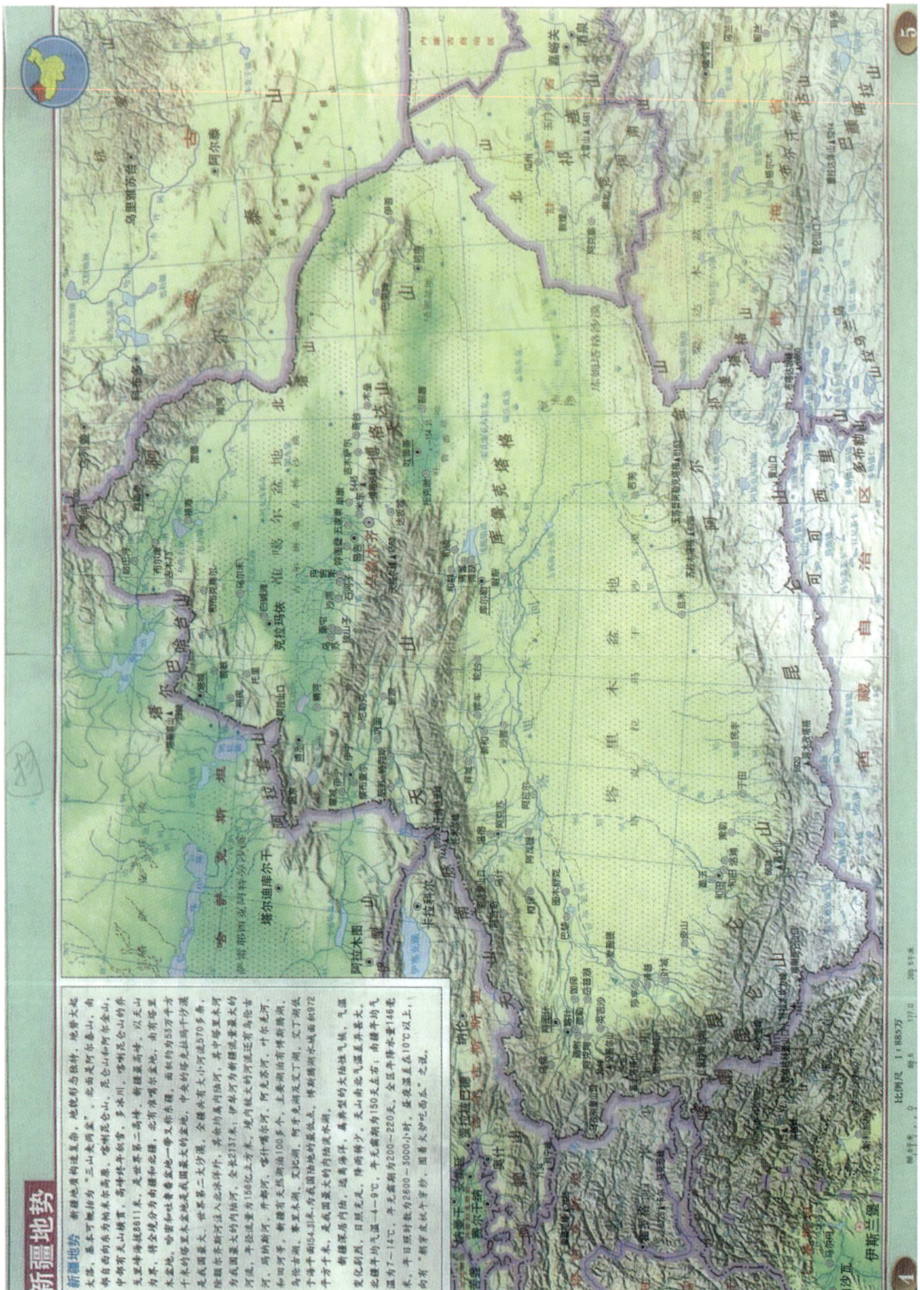

图4-1　新疆地势图

但在葡萄沟溪流两侧，葡萄架遍布，葡萄藤蔓层层叠叠，绿意葱葱。四周是茂密的白杨林，花草果树点缀其间，农家村舍错落有致地排列在缓坡上。

葡萄沟，是火洲的“桃花源”。沟里四处都有令人向往的地方。

一是葡萄沟接待站。这是为中外宾客开辟的游览场所，依山傍水，安静、幽雅，景物天成，数条葡萄长廊深邃、幽静，有的游客信步葡萄架下，仰首尽情观赏珍珠般的葡萄，有的游人坐在葡萄架下品尝鲜葡萄。长廊尽头碑石上“葡萄沟”三个鲜红大字，格外引人注目，游人争先恐后在此拍照留念，见图4–2。沟内有民族风味的食堂，有卖工艺品的蒙古包，还有划船游玩的地方。二是葡萄山庄。这是葡萄沟里设备齐全、级别较高的度假村。这里有高档次床位120个，有供120个人就餐的餐厅，还有卡拉OK厅、游泳池。三是吐鲁番葡萄展览馆。四是吐鲁番维吾尔族民居民俗馆。五是葡萄乡的度假村。经常有民族歌舞演出，美丽的维吾尔族少女，强悍的维吾尔族小伙的优美舞姿，叫人百看不厌。

图4–2　葡萄沟

风景秀丽的葡萄沟，以盛产优质葡萄而闻名中外。1994年沟里种植葡萄面积315.6hm^2，生产鲜葡萄8601t。这里主要种植无核白葡萄，还有马奶子、红葡萄、喀什哈尔、日加干、琐琐等13个品种。其果实呈球形、卵形、椭圆形等，有的葡萄晶莹如珍珠，有的鲜艳似玛瑙，而有的绿若翡翠。那五光十色、翠绿欲滴的鲜葡萄，令人垂涎不止。尤其是这里生产的无核白葡萄，皮薄、肉嫩、多汁、味美，营养丰富，素有“珍珠”美称，其含糖量高达20%~24%，超过美国加利福尼亚州的葡萄，居世界之冠。用无核白葡萄晾制的葡萄干，含糖量高达60%，被人们视为葡萄干中的珍品。

说起吐鲁番的葡萄，当然吐鲁番的葡萄沟最负盛名。新疆民谣说：“吐鲁番的葡萄哈密的瓜，库尔勒的香梨人人夸，叶城的石榴顶呱呱。”道出了新疆有名的四个水果之乡，吐鲁番独居榜首。这里的葡萄可是驰名中外，享有盛誉的哦！4月底就有葡萄熟了，到了8月，葡萄就可多了，满大街都有卖的，你到葡萄沟一边欣赏歌舞一边吃葡萄，那可就是享受了！

这里的葡萄都特别甜，糖分含量特别高，这是缘于吐鲁番的独特气候，这里的葡萄更是其他地区的葡萄所不可比拟的，见图4–3，图4–4。

新疆吐鲁番葡萄为什么这么甜？

新疆地处我国西北内陆地区，远离海洋，是大陆性气候。这种气候冬冷夏热，雨量少，气候非常干燥；晴天多，日照充足。虽然气候干燥、降雨少，但由于日照充足，使高山冰雪消融，给农作物输送来宝贵的水。白天温度高，可以加强农作物的光合作用，有利养分的积累。夜间温度低，农作物的呼吸作用减弱，减少了养分的消耗。因此，瓜果、蔬菜长得特别大也特别甜。宁夏、甘肃的气候也和新疆相同，所以甘肃的白兰瓜、宁夏的西瓜和新疆的西瓜、哈密瓜一样，同为受人们欢迎的果中上品。葡萄就是这个原因才甜的。

图4–3　葡萄之乡

图4–4　吐鲁番的葡萄赛珍珠

因为葡萄沟地处吐鲁番盆地这一独特的气候条件，干旱无雨，空气温度干热，昼夜温差大，害虫不易滋生，日照充足，这一地方只要有水，就有绿洲，就有世外桃源，就盛产葡萄、哈密瓜，其实哈密瓜是在吐鲁番鄯善产的，哈密应了这个名，这是历史造成的。所以对于这一甜蜜事业关键是水，我们不能把吐鲁番搬到别处，只能将水引到吐鲁番来，构成这一特殊气候环境。因此，引来水，就是引来甘汁玉液，也是充分利用这一荒漠火洲唯一的办法。

葡萄沟有葡萄种植面积315.6hm^2。也就是315.6hm^2×15亩/hm^2=4734亩。

每年葡萄生长期在3~9月份，也就半年时间，而每亩每年需要水约400m^3，则现有地需4734亩×400m^3/亩=1893600m^3的水。如果说半年按4380小时计，则单位时间供水量（流量）：1893600m^3÷4380h=432.3m^3/h。如果再造就5个葡萄沟，则432.3m^3/h×5=2161.6 m^3/h。如果从东部水源提升1300m高程后，再采取自流方式。

可以选排量1100m^3/h的两台泵，就可满足需要，还可备用一台，三台组成一个泵站（提升泵站）。

由于还有一段平地输送，可在水源地安装扬程250m，排量1100m^3/h的双吸泵（输送泵）与提升泵组成密闭泵控泵（PCP）*系统，达到扬程、流量可调系统，见图4-5a、图4-5b。（PCP（泵控泵）为作者发明的技术，压流可调节能，详见参考文献。）

图4-5a

图4–5b

再算一下输水成本，主要是耗电量成本，看一看功耗。

$$P_{wp}=\frac{Q\cdot H}{367.2\eta}\ \text{（泵功率公式）}$$

式中　P_{wp}——泵耗功率；η——泵效；Q——流量；H——扬程；367.2——系数。

$$P_{wp1}=\frac{1100\times1300}{367.2\times0.82}=\frac{1430000}{301.1}=4749.3\text{kW}\ \text{（主提升泵）}$$

同理，$P_{wp2}=\dfrac{1100\times250}{367.2\times0.83}$

$$=\frac{275000}{304.8}=902.2\text{kW}\ \text{（前置增压泵）}$$

两泵合计（前量泵，提升泵）功率：

$P_{wp}=P_{wp1}+P_{wp2}=4749.3+902.2=5651.5\text{kW}$

以有效运行时间4380h（半年），则耗电5651.5kW×4380h=24753570kW·h（1度为1kW·h）

工业用电以每度0.5元计，24753570kW·h×0.5元/kW·h=12376785元。因为两台运行所需费用：12376785元×2=24753570元。输水量1100m^3/h×4380h×2=9636000m^3。每吨水合计24753570元÷9636000m^3=2.57元/m^3。加上沿路损失等费用，每方水不超过3元钱。应该是可以接受的。

在3~9月份以外的其他时间里，泵站还可增加运行时间，将水再提升到最高点，比如取辽河入海口的水，将水放入大马群山北部1400m处，修一个水库存水，后进入自流系统，在葡萄园不用水的季节（但应是不冻冰季节）泵站工作，比如再多运行2个月，也就1460h，可多送水3212000m^3，周济艾丁湖，使艾丁湖湖面不致萎缩，甚至可以找到一个平衡点，保持湖面稳定在希望的高度上。

这样无疑会改善吐鲁番的气候环境，而且可以为3万~4万人提供生计，经济效益和社会效益是很大的。

4.3　东水济疆方案

东水济疆主要有2个方案：一个是输送淡水，可以直接应用于灌溉，或处理后饮用；另一个是输送海水，主要是生态作用，或再海水淡化。下面分别予以介绍。

1. 淡水进疆

其思路是：东水济疆工程——河口取水，提升制高点而后自流。

水源要充沛，水质要好，提升高度地点距取水处较近，提升方便。

因此从辽河入海口附近，也就是盘锦市附近的辽河处取水，见图4-6。

这一节我们探讨由渤海湾的辽河入海口取水，辽河口的淡水还是比较充裕的，平均年径流量127亿m^3，采用密闭管道输送方式，其走向由辽河入海口附近的盘锦经锦州地区，穿过努鲁儿虎山到达七老图山北部，大光顶子山南，海拔约1500m处修一个水库，作为进疆引水最高点，再过大马群山麓，经过大青山、阴山、狼山南麓，然后进入阿拉善高原东南，雅布赖山东南坡进入阿拉善右旗，而后进入河西走廊，由玉门到瓜州，由北山南侧进入新疆哈密地区向西偏北方向到吐鲁番盆地。这样到七老图山高点，采用提升至1500m高程，和我们前一节计算相吻合。提升到制高点，以后主要靠自流。泵站前是中低压管线，到制高点以后是普通低压管线，乃至明渠都可以。其沿程如图

图4–6　水源辽河

4–7所示。与后面介绍的渤海取海水有部分相近，由取水点到七老图山高点要500km，由此河西走廊至阿拉善1200km，河西走廊至吐鲁番1000km。

这一方案应该讲是较经济的，第一次投资泵站，设备需2亿元，其余是管线及建设费。而且，动力可采用风力发电，海边风比较大，可以降低运营成本，成为绿色能源供应。

这个方案只要有2个泵站，一个是前置增压泵站，将水在地面输送到最高点的山下，另一个就是在山下的提升泵站，将水泵送制高点。其余就是管线工程。

2. 海水西送

为解决新疆水资源困境，给新疆水资源解决方案增添新智慧，“陆海统筹，海水西调高峰论坛”2010年在乌鲁木齐召开，此次高峰论坛关于“海水西调，引渤入疆”的思路引发热议，有专家预言，这一计划6年内即可实现。

提出此方案的专家有西安交通大学霍有光教授和东西部经济研究院的唐立久研究员等。

(1) 目的

增加降雨改变生态，此设想是通过大量海水填充沙漠中的干盐湖、咸水湖和封闭的构造盆地，形成人造的海水河、湖，从而遏制沙漠移动。同时，大量海水依靠大陆西北地区丰富的太阳能自然蒸发，作为湿润北方气候的水

图4-7 东水济疆走向图

气供应源增加降雨，从而达到治理中国沙漠、沙尘暴，彻底改变华北、西北地区生态环境恶劣的目的。

“利用新疆现有的东高西低的地理条件及现有河道，海水在引入新疆后，可形成自流。甚至于在地势落差相对较大的区域设立发电厂，对冲前期的投入成本”，西安交通大学霍有光教授说：这将进一步推动新疆生态，特别是煤化工产业的发展。

此外，中国东西部经济研究院唐立久研究员表示，新疆可以在引渤济疆示范工程实践基础上，最先引向新疆吐鲁番，这会进一步增加引水入疆的可行性。

(2) 路线

见图4-8（引自《华商报》）。

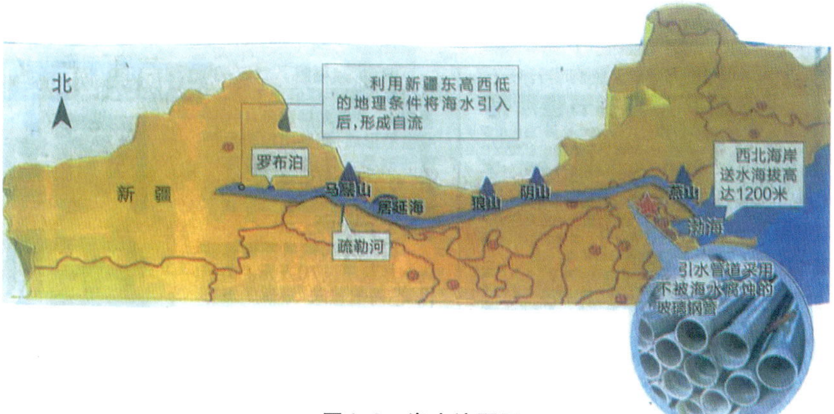

图4-8　海水济疆图

天津取水，经内蒙古入疆。此次高峰论坛“引渤入疆”的基本思路是：从渤海西北海岸提送海水达到海拔1200m高度，到内蒙古东南部，再顺北纬42°线东西方向的洼槽地表，流经燕山、阴山以北，出狼山向西进入居延海，绕过马鬃山余脉进入新疆。

作为海水西调的提出者之一，西安交通大学生态环境与现代农业工程中心教授霍有光解释，从天津附近的渤海口取水，通过管道分级提升到海拔1280m左右，每吨水升高200m，需要1kW·h电，升高1280m，耗电约6.4kW·h，然后通过修防渗渠，采用若干小提扬工程（即用于提高水位的蓄水池）加长自流距离的办法，由黄旗海至甘肃玉门镇北的疏勒河，之后利用疏勒河“自东向西流”的天然河道，自流入塔里木盆地之东缘的罗布泊（天津距新疆乌鲁木齐3785km）。

(3) 应用技术

用玻璃钢管输送。“项目中，质疑最多的是海水能不能用、如何解决调水成本”，中国水利水电科学研究室主任杨开林认为，有一种过滤法是利用半透膜来达到淡水与盐分离。最大的优点是节能，生产同等质量的淡水，能源消耗仅为蒸馏法的1/40。

目前全球海水淡化日产量近4000万t，而2005年底，中国已建成运行的海水淡化水，日产量就已达12万t。

至于调水的成本问题，杨开林先生说，海水的淡化目前在中国不存在技术“瓶颈”，工程实施中可以用不被海水腐蚀的玻璃钢管。按照8m口径玻璃钢管计算，输送到新疆每吨水的价格约为8元。

此方案主要由西安交通大学霍有光教授等提出。技术可行，费用还算较低，但要用淡水必须海水淡化。

以上2种方案由于施工方便，工程量小，只要五六年就可实现，见效快，而我们本书介绍的第一工程，好是好，工程浩大，时间要久。而本章可作为提前实现东水济疆。

参考文献

[1] 中国地图出版社. 中华人民共和国地形图. 北京：中国地图出版社，2003
[2] 哈尔滨地图出版社. 中国地图册. 哈尔滨：哈尔滨地图出版社，2008
[3] 中国地图出版社. 辽宁地图册. 北京：中国地图出版社，2013
[4] 中国地图出版社. 内蒙古地图册. 北京：中国地图出版社，2013
[5] 中国地图出版社. 甘肃地图册. 北京：中国地图出版社，2013
[6] 中国地图出版社. 新疆地图册. 北京：中国地图出版社，2013
[7] 霍有光. 渤海海水入疆. 源自华商报2010年乌鲁木齐高峰论谈
[8] 唐立久. 引渤济疆示范工程. 源自华商报2010年乌鲁木齐高峰论谈
[9] 吴九辅. 泵控泵（PCP）自动化注水泵站系统. 北京：石油工业出版社，2007

第5章　印度洋孟加拉湾水汽通道工程

5.1　滇川西南地区的干渴

我国西部是干旱少雨地区，滇川西南也是干渴不定的地区，虽然离印度洋较近，但因青藏高原、喜马拉雅山、冈底斯山、唐古拉山、昆仑山、横断山脉包括高黎贡山的阻隔，印度洋的湿气流到达不了内地，大部分水量降在了这些山脉的南坡或西坡。所以有人提出，（如牟其中先生）要将喜马拉雅山开个口子，设想虽好，但很难实现，因为后面还有冈底斯山、唐古拉山和昆仑山，距离远，山脉高、厚、宽，凭现在的人力，湿雨气流还到达不了柴达木盆地。我们仔细研究一下印度洋的孟加拉湾的季风气流，是西南东北方向，结果被横断山脉阻挡，特别是高黎贡山，在高黎贡山西侧的缅甸，降雨量达4000mm而在横断山东部，金沙江只有400mm，将横断山高黎贡山西侧高湿气流引到我国西南，解决滇东北、金沙江中游的干渴问题成为重要的环境改造工程。由于横断山脉南北走向，山脉脉宽显然较窄只有1~20km，而且山峰陡峭。所以打开水汽通道缺口较易，以求解决相关的云、贵、川这部分地区的干旱，这儿的干旱可以讲确实很严酷，严重地影响了民生。见图5-1、图5-2、图5-3。而且在滇西南，滇西有一个几乎是自然而形成的通道，只是中间有很窄的山脉所阻，适当改造就可形成真正的水汽通道。

图5-1　西南干旱情况鱼儿铸底、蚌裂朝天

由于金沙江中游地区缺雨，金沙江河谷两岸植被破坏，岩石裸露、土地贫瘠，缺少有效的雨量。

图5-2 金沙江两岸缺雨，岩石暴露，植被破坏很难恢复

中国西南、川南、黔西、云南近年来连旱，不仅是天灾，而野蛮开发，乱砍滥伐，水利建设管理不力等也是诱因。

图5-3 近年来西南遭遇干旱威胁

5.2 水汽通道周围环境、地形与气候

前一节已经讲了，印度洋孟加拉湾季风水汽通道的最佳处在三江并流地区。其关键要有足够的水汽，而孟加拉湾季风就是水汽之源，这是属于西南方向来的热带、亚热带季风。它是特殊的地理环境造成的，如纬度在北纬20°~30°之间。在地形地貌上有其独特之处。中国大陆像只金鸡，在其版图的西南角凹进一块，形似鸡尻，就是缅甸（也包括印度东北阿萨母邦）的领土，面向中国，从地貌上讲凹进这一块像个簸箕，呈东北、西南放置，开口向西南，而簸箕的帮沿靠东就是高黎贡山（其后面还有怒山、云岭等），簸箕的后面就是喜马拉雅山（在此簸箕角处向南转向，成为横断山脉，包括岗日嘎布、伯舒拉岭，他念他翁山、芒康山、鲁里山等，海拔平均在5000km以上），而西北面的簸箕帮沿就是帕特凯山（细长西南东北走向），更广泛讲的簸箕，其西面的帮沿应是喜马拉雅山，才是这个大簸箕的真正帮沿，见图5-4，而其余地区地势低平，呈平原状，三角洲状，海拔不高。于是三面包围的热带季风，使其聚集在这里，形成丰沛的降水，受季风支配。地形详图见图5-5。

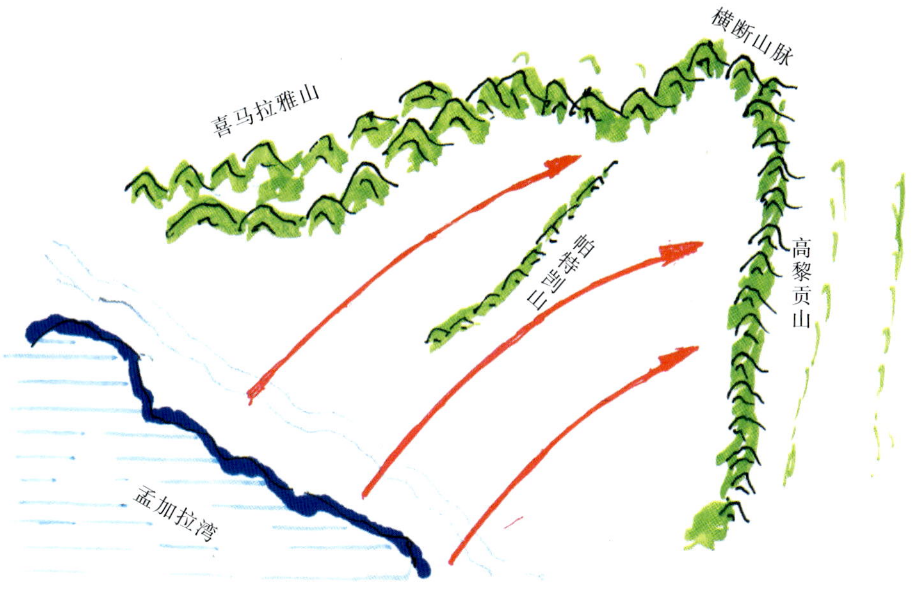

图5-4 簸箕形地貌

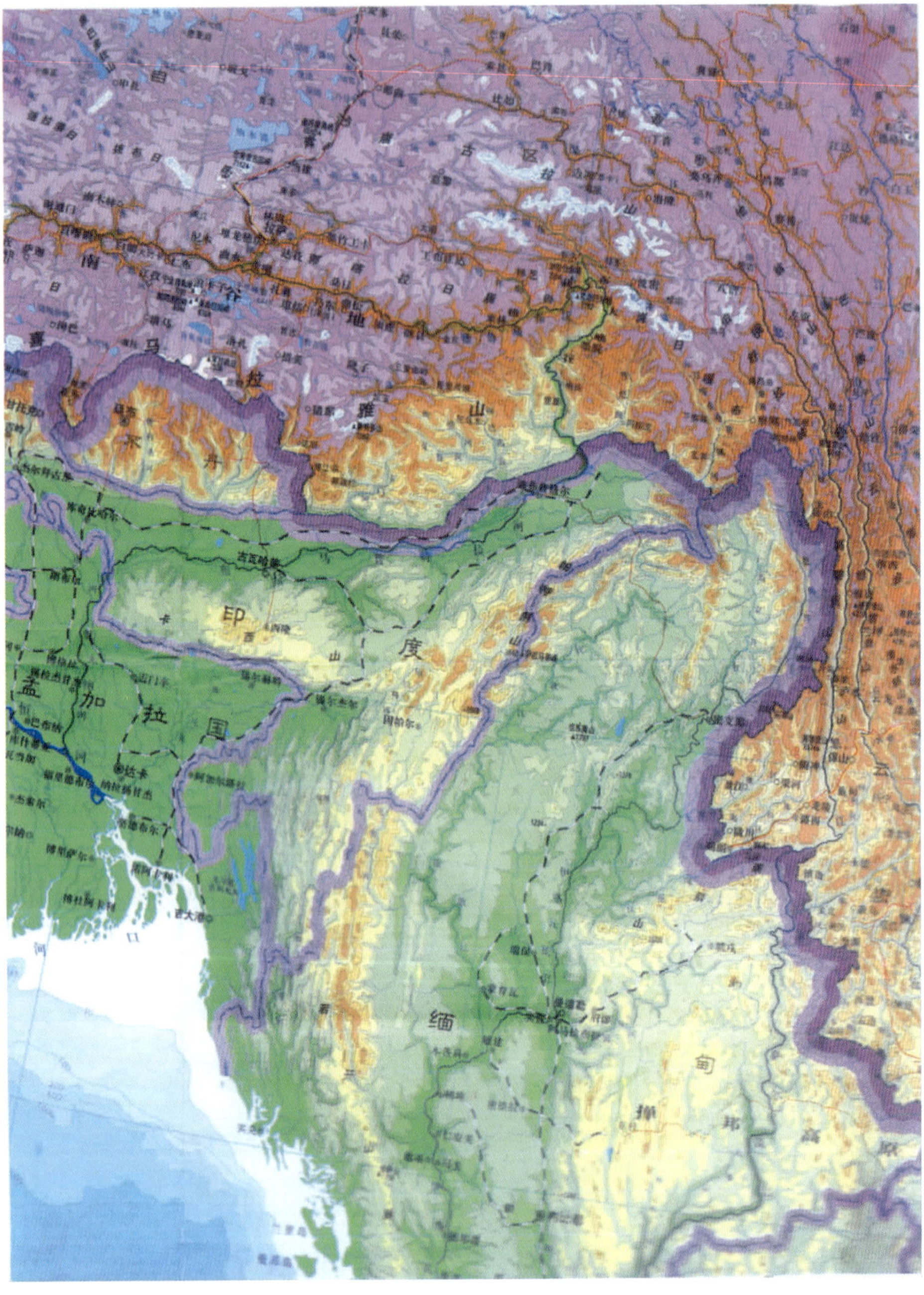

图5–5　地形详图

季风气候是指受季风支配地区的气候，它是大陆性气候与海洋性气候的混合型。最主要特征是一年中随同季风的旋转，降水发生明显的季节变化，夏季受来自海洋的暖湿气流的影响，高温潮湿多雨，气候具有海洋性；冬季受来自大陆的干冷气流的影响，气候寒冷，干燥少雨，气候具有大陆性。季风气候夏季暖热，冬季寒冷。因此，气温年温差比海洋性气候大。最冷月出现在1月份，表现出大陆性气候特点；最热月出现在7~8月，秋季气温高于春季气温，又表现出海洋性气候特点。东亚和南亚为典型季风气候区，但因两地所在纬度不同，又表现为不同的季风性气候。南亚属热带季风气候，如印度，因纬度低，为三面环海的半岛地形，而冬季风较弱；夏季风极强，常以“爆发”之势出现。其主要气候特征为：干、湿季明显，西南季风到达前为很长的干季，西南季风控制时期为连续雨季。季风气候的高温与多雨时间基本一致，虽然不免有闷热难熬之苦，却对发展农业十分有利。特别是热带季风气候区，是世界主要粮食生产基地。因为在作物生长旺盛，最需要水分的时候能有充足的雨水供应。由于季风强弱与进退时间每年不一，故季风气候易于发生旱涝自然灾害。云南出现的干旱就是这种情况的反映。

由于受季风的影响，云南与缅甸气候有很多时候有相似之处。其季风见图5-6。

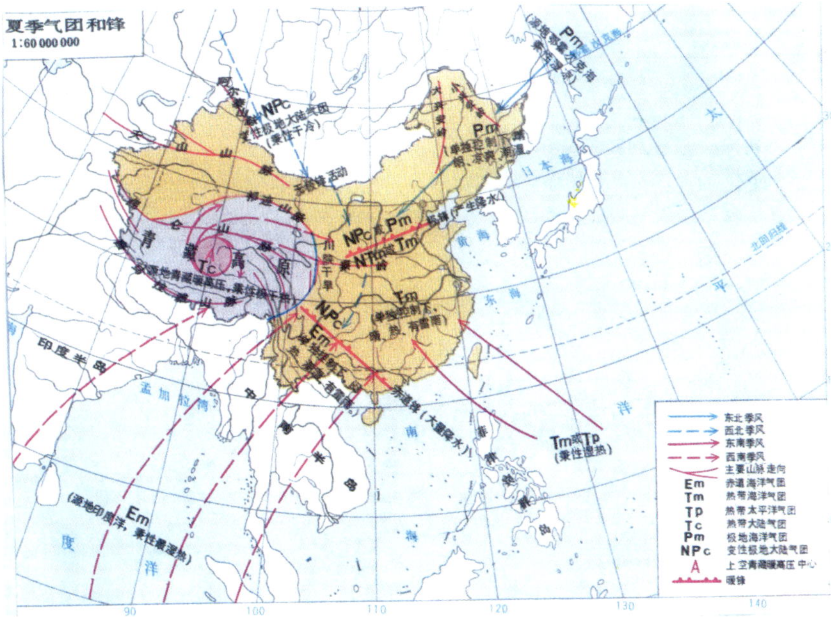

图5-6　南亚季风

● 缅甸处于北纬10°~28°之间，整个国土都在赤道以北，大部分地区在北回归线以南，属热带。云南则偏北，在20°~30°纬度间。缅甸南部面向海洋，受潮湿的印度洋西南季风调节。因此，缅甸属热带季风气候带。缅甸大部分国土在北热带，只有缅北小部分土地在北温带，而且温差较大，气温较为特殊。伊洛瓦底江上游以及掸邦高原海拔1000~2000m多的地区，是“四季如春”的温带气候，国人形容云南为四季如春，昆明称为春城，全年有一两个月降霜雪，其余各月平均为10~22℃。温度年变化微小，但昼夜及晴雨之间，温度变化较大。中国滇西“终年无寒暑，一雨便成冬”的俗语，也很适用。缅甸西北海拔3000~4000m的高山山地，已是寒带气候，无夏季，全年三四个月以上有霜雪；海拔4000m以上少数高山，至少有6个月积雪不化，全年都是冬天；海拔5000m以上的个别山峰在雪线以上，终年白雪皑皑。

缅甸各地的平均气温，通常采取夏季7月和冬季1月的温度。各地气温都以海平面为准。每高于海平面100m，地面温度就降低1℃。

1月，由于太阳直接照射在南回归线附近，所以温度相对都较低。7月，太阳直接照射在北回归线附近，这时气温普遍升高。

● 从6~10月，太阳一直照射着赤道以北地区，这时正值暑季，海洋气压高于陆地。温暖潮湿的风从海洋吹向北部炎热的高原，但是由于地球的转动，改变了风向，形成西南季风，向缅甸吹袭，也影响我国云南及川、贵部分地区。

对于缅甸来讲，西南季风并不都是从西南方向吹袭缅甸各地，由于各地区所处的位置地形不同，有的是高山，有的是河谷，西南季风会有局部改变。

11月至第二年5月，太阳直接照射在赤道以南地区，这时亚洲大陆气候寒冷，而南部洋面却较为炎热。因此，冷风从大陆吹向海洋。但是由于地球的转动，季风不是从正北方向而是从东北方向吹来，形成东北季风。不过并非每个地方都是东北风，它与西南季风一样，根据不同的地形改变着吹袭的方向。

● 可以讲邻国缅甸是我云、贵、川地的季风水汽来源地，所以对缅甸降雨给予关注。缅甸除5~10月雨季大量降雨外，其余时间降雨量特别少，我国云南也基本如此，因此，测量缅甸的平均降雨量时，必须分雨季的平均降雨量和旱季的平均降雨量。

缅甸各地的年降雨量可分为下列3种：2000mm以上；1000~2000mm；1000mm以下。从各城市的年降雨量可以看出，若开、德林达依两个沿海地带、伊洛瓦底江三角洲和北部高原是降雨量最多的地方。

缅甸各地与我国云南类似，其降雨与西南季风关系密切。每年6~10月，湿润的西南季风到达各地的时间不同，先到的地区降雨时间早，雨季结束得也早。后到的地区降雨时间晚，雨季结束得也晚。

11月至第二年4月，东北季风从寒冷而干燥的地方吹来，所以几乎不会降雨。不过，从印度北部或安达曼海不时有旋风吹袭。因此，1月会有少量雨水降落。

● 缅甸除西北地区的少数高山高原地区以外，一年可以分为凉、热、雨3个季节。缅甸人民的日常生活也受这种季节变化的影响。

9月中旬雨季过后，对缅甸来说，大约到11月中旬，正式进入凉季，直至第二年3月上旬开始转入热季。凉季以12月~1月最为典型，多微弱的东北风或西北风，天气晴朗，阳光充足。

3月初开始，缅甸温度迅速上升，4~5月间即达全年最高峰，月平均温度普遍在25℃以上，伊洛瓦底江中下游一般在30℃以上，最高温度更在40℃以上。热季除沿海一带偶有暴雨，一般都降水稀少而蒸发旺盛。

5月中旬以后，雨季来临。6月中旬以后，西南季风猛吹，普遍进入雨季，大雨滂沱。直至9月中旬，雨季才开始转为凉季。雨季时，全国普遍多雨，温度较热季低，大地一片翠绿，是农作物生长旺盛的时期。

云南处于北纬30°以南的低纬度地带，由于地形复杂，海拔高低悬殊，因而气候类型复杂多样。气候特征年温差小，日温差大；有些地区降水充沛，干湿分明，分布不均；气候垂直变化十分明显；无霜期长。云南东有乌蒙山等高大山脉堵住了从北方南下，然后西进的西伯利亚冷空气，所以，云南上空冬季盛行从西南亚来的干暖偏西气流。这种气流愈高愈强（高空还有西风急流）。因此，山脉下堵，西风气流上阻，天地合力，终于把冷空气拒于云南高原之东。云南冬季即经常沐浴于温暖的西风气流之中，自然就温暖如春了。冬季，我国东部地区北风呼啸南下，我国东部大片地区剧烈降温时，云南却仍然风和日丽，宛如生活在另一个洞天福地世界之中。滇南西双版纳地区因为冬季十分温暖，冬夏温差大大减小，而雨、旱季节却非常鲜明，因此当地和南邻的中南半岛一样，全年不分春夏秋冬，而是分为干季（11月~3月），热季（4~5月）和雨季（6~9月），即变为一年三季了，云南绝大部分地区植物繁茂，可是横断山北部因山脉最高，多重高山造成的焚风效应使金沙江出现局部干旱河谷。

5.3 川滇藏三江并流，三脉分水也阻断了水汽流

由于三江并流，分水的三山脉阻挡了西南季风水汽流，所以还要细说一

下。这一地区的特点是三江并流，三山并行，也就是最西边的怒江，从我国西藏那曲地区、唐古拉山麓发源向东，沿横断山脉向南入云南，于潞西市进入缅甸，称为萨尔温江，入孟加拉湾海，在我国境内约1600km；三江并流中间的江河是澜沧江，发源我国青海南部和藏北唐古拉山的南北两麓，开始向东流到横断山脉转为南下，由云南景洪地区出境，于是也成为国际河流，我国境内也有1000多km长；最东边的是金沙江，是大家熟知的长江上游，在贡山和香格里拉两县间三江很近，只有几十千米，形成三江并流，三脉并行，脉脊较窄，见图5–7。并参考本书第一章。由兰坪营盘再往南就只剩下两江并流了，金沙江在福贡同纬度上并流后，向东南流去，在这里形成对号、反对号两个湾后往东流去，成为川滇界，到四川宜宾成为长江。

三山并行，在怒江西为高黎贡山，在怒江与澜沧江间为恕山，澜沧江与金沙江间紧临金沙江为雪盘山，再往东上为云岭，下为清水朗山等。三江并流，三江分水的山脉最窄处也不过八九十千米，而且山陡谷深，整个地形北高南低，三江、三山并行大约有300多km、二江并流有200多km。其地形见图5–7，其高山峡谷见图5–8。

就是与这三江并行的高山，也挡住了孟加拉湾的湿气流，对我国西南的影响见图5–9，而造成高黎贡山西边的缅甸降雨量为2000~4000mm，而金沙江东边只有400mm。

因此如何将雨量充沛的缅甸、孟加拉湾湿气流冲破与三江并行的三山，使部分干渴不定的云、贵、川有一稳定的湿气通量送达，用甘露滋润这一高原地区，无疑是人们的一个黄金梦。从上述图中可知，三山并行山脉很陡而脉窄，而且距离近，因此带来施工的可行性。开成豁口让湿气流通过，送给川滇贫涸的腹地，是有可能的。

三江并流地区北部山高谷狭，北部德钦境内怒山山峰海拔高达6740m，而在南边的滇南河口，海拔只有76.4m，其直线距离900km，高差达6600多m。

引入水汽通道有几个作用：

1）改变金沙江谷地区的干旱。

2）加入水汽通道，可为西南孟加拉湾季风提供通道（哪怕不大），促进季风走向稳定，减少云、贵、川旱涝不稳。

3）加入水汽通道后起到对季风气流诱导、导向作用。

4）减少焚风的作用。

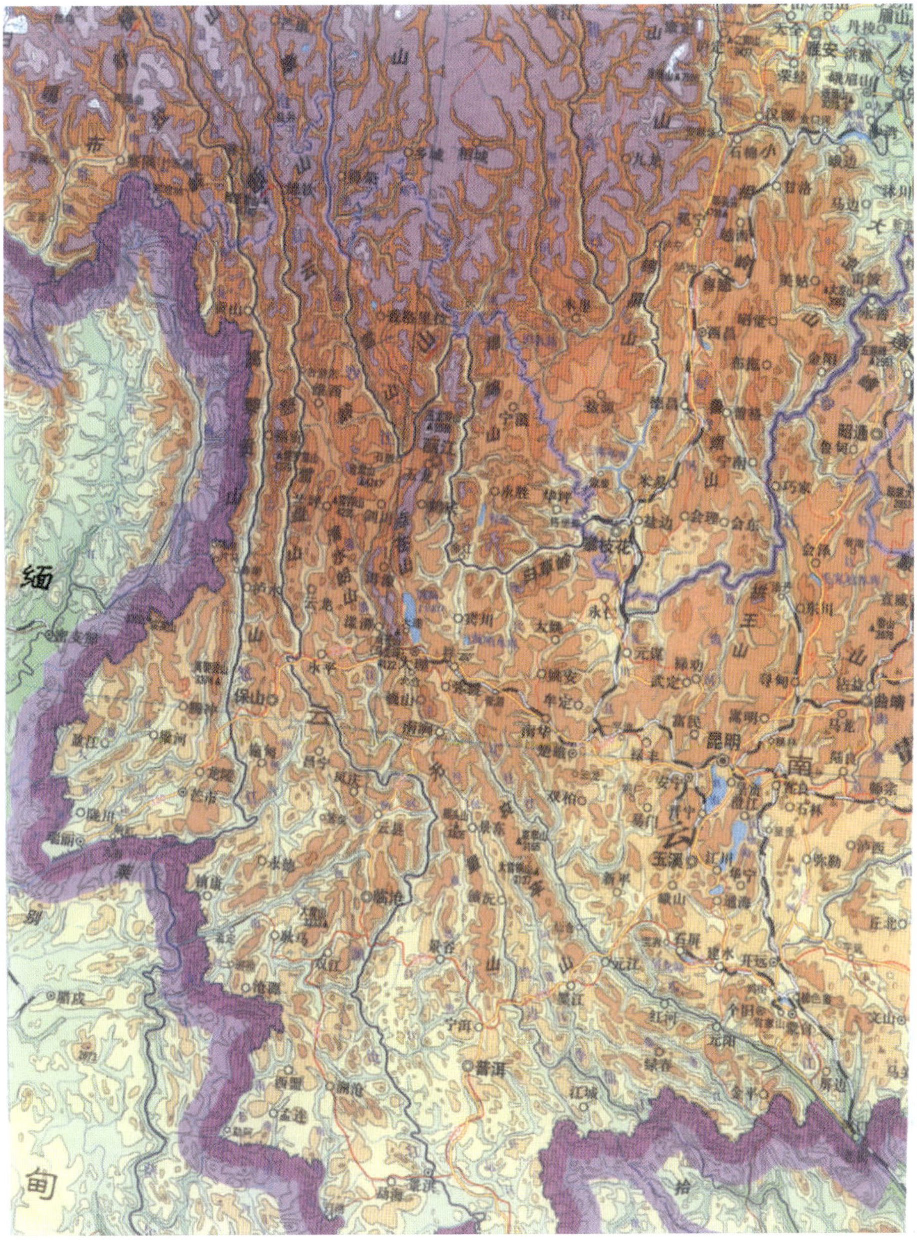

图5-7　三江并流与横断山脉

图5-8 高山峡谷

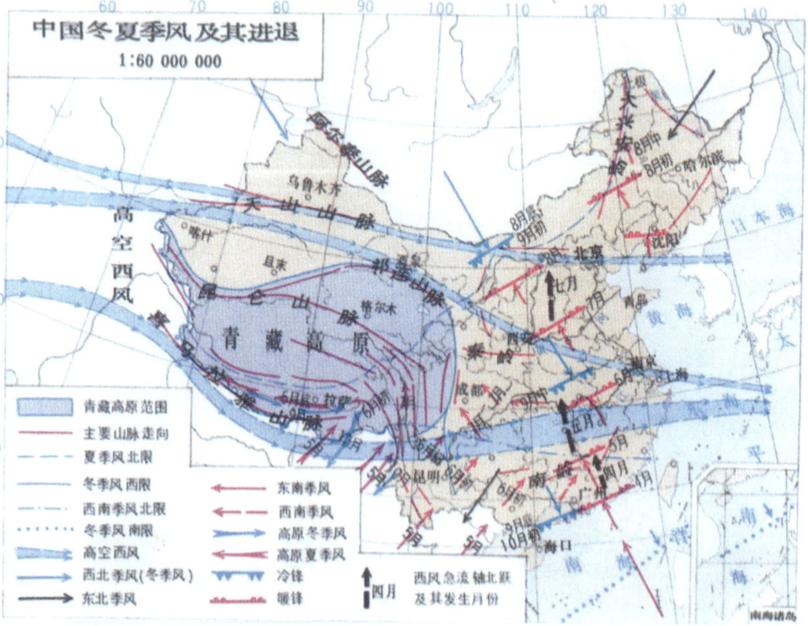

图5-9 孟加拉湾季风湿气流对中国西南的影响

5.4　实施方案

实施方案可分为3部分。

第一部分（北线）在云南福贡附近，将高黎贡山和怒山，按孟加拉季风湿气流方向开两个豁口，因为高黎贡山、怒山最窄处不足10km，可以采取定向爆破等先进手段进行工程开凿，只开两个山脉就可使湿气流流向金沙江谷及两岸，为了加大气流通道，此处云岭也低窄，开挖量不大，就可打通三脉。改善这一段的气候环境，使雨量增加，改善植被，增加金沙江水量。其地貌情况见图5-10。

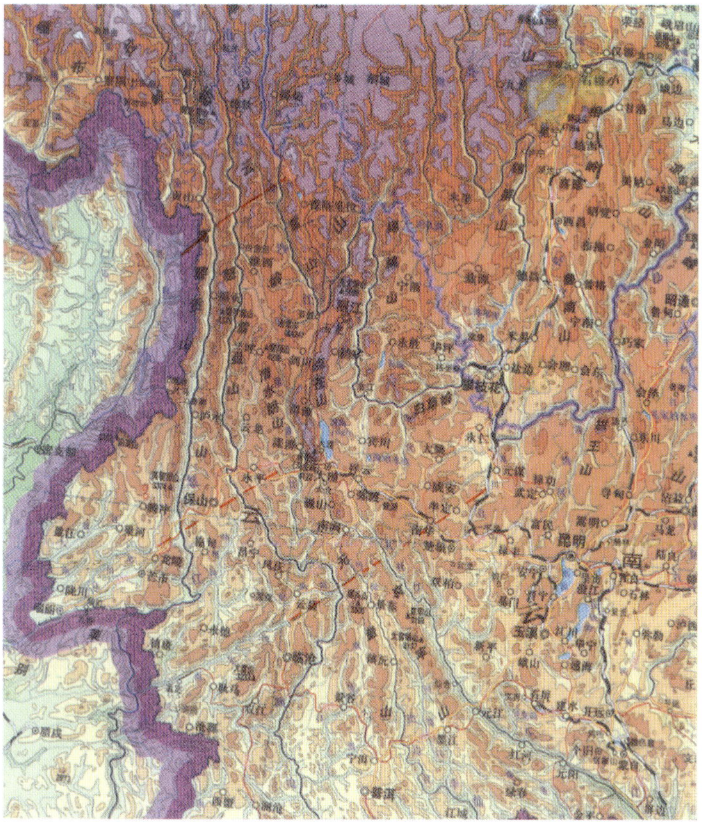

图5-10　湿气流通道开挖示意图

具体通路见图5-10中的红线，由贡山以南，福贡以北，这个地方三江并流靠得最近，这样开挖量少，湿气流容易向东北方向流动，超不过100km，就可使湿气流到金沙江谷地。应当充分利用缅甸的恩梅开江河谷，在贡山以南

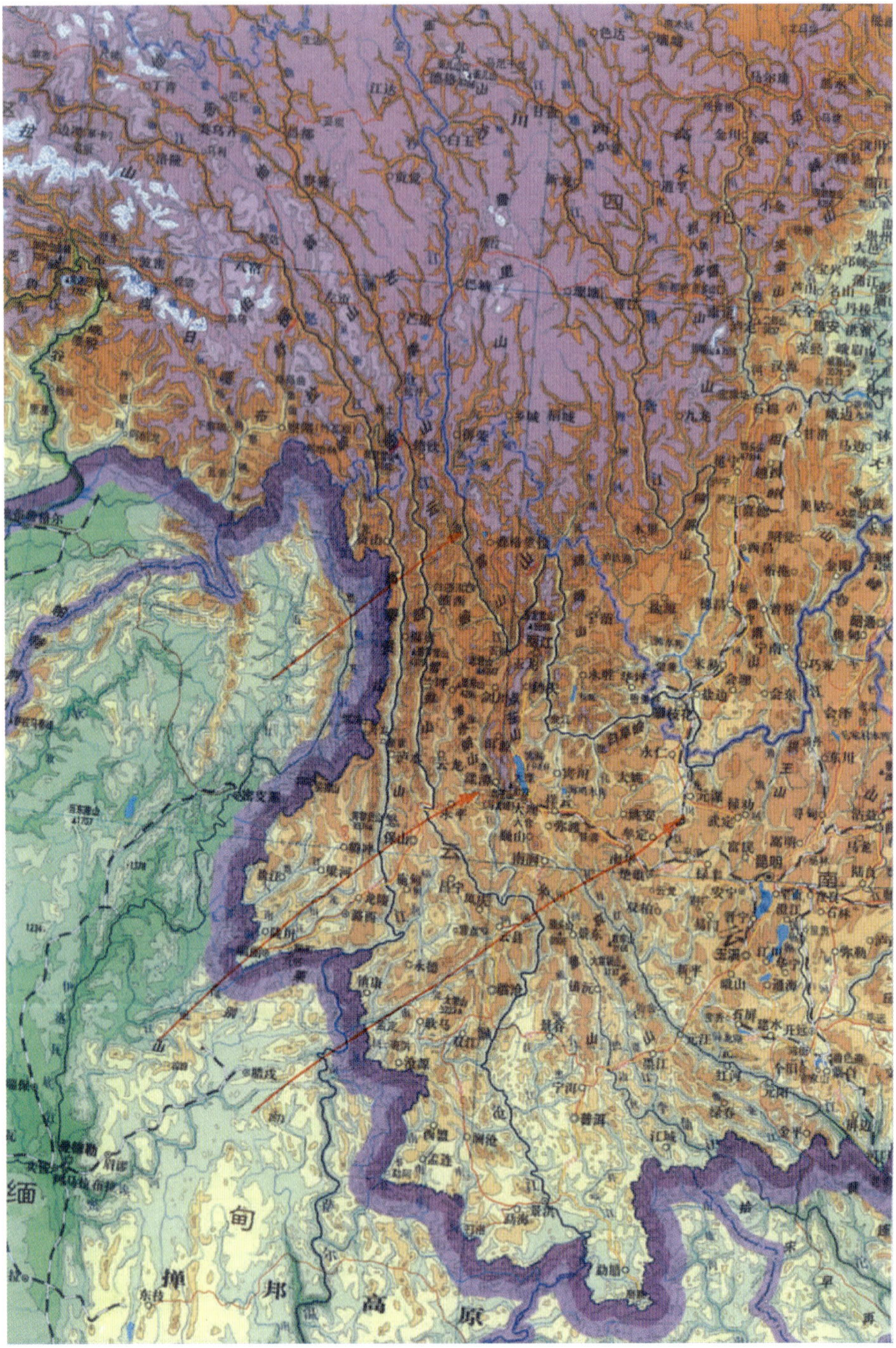

图5-11　局部地形图

不到50km的地方，恩梅开江的小支流，刚好是东北、西南走向，顺其方向开挖到金沙江，在香格里拉西北约30km的地方是一块谷间小盆地，即奔子栏附近，可开成V形槽，最好是拉瓦尔管形状，最低留有1km，怒山上留1300m，云岭1500m，在怒江和澜沧江开挖口的上游，建有高跨度拱桥，也要顺湿气流方向，上面将挖的部分石土填其上，以便使湿气流保持方向。

通气方向见图5-11最上方的红线箭头指向。

施工时，开槽尽可能开成拉瓦尔管形状，两山脉间的开挖槽的拉瓦尔管形状的中心线应对中，在同一中心线上，倾斜角小有利，但开挖量大，应根据气流方向，环境条件来定。

第二部分（中线）就是在云南保山与腾冲将高黎贡山打出个缺口，其豁口可开50km长，而缺口的宽度也是选高黎贡山脉的最窄处，也是其脉宽不足10km，而且全在我国境内，开口方向应当按照印度洋孟加拉湾季风气流的方向进行开拓，其湿气流可沿保山、永平、大理散向滇西北、川西南地区。要充分利用龙川江、瑞丽江、大盈江、南定河河谷，沿自然河谷在季风方向进行拓挖。走向见图5-11中的中间一条红线。

在开拓水汽通道、三江并行山脉的豁口时，应当开成半个纵向拉瓦尔管形式，见图5-12。以提高通气效果，提高抽吸作用。

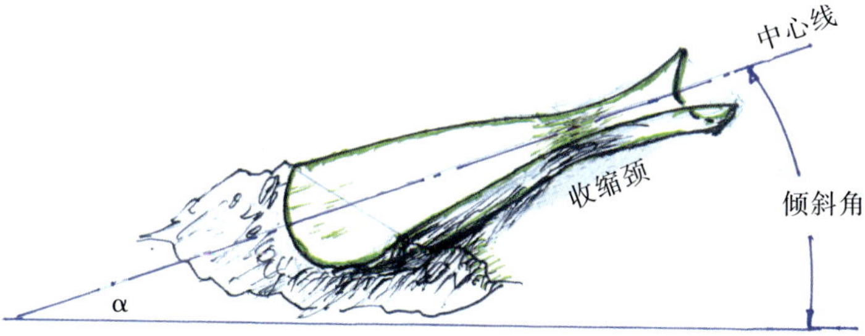

图5-12　拉瓦尔式的开槽结构

第三部分（南线）当然是南线，还有些细节，由于地势较低，起伏相对较小，再做些处理，就可以了。见图5-11的下部水汽通道线即最下方的一条红线。要充分利用南定河，沿其河谷走向云县、南华、元谋南开挖形成湿气流通道。由于水汽通道在图中下方，山低，开挖量小，工程全部又在境内，容易实现，而且水汽通道开山挖拓后，其通道地势较低，水气流容易向更深内地输送。可送至金沙江下游段，使元谋、永仁、攀枝花这一块小盆地受益较大甚至影响滇北、川西南。

下面再对水汽通量做个估计。如图5-13所示是温湿关系图。

图5-13中横坐标是干球温度，其实就是所测环境温度，以红色润线表示。纵坐标是含湿量，以天蓝色润线表示。斜线是湿度温度指示以黄色润线表示。相对湿度曲线以绿色润线表示。

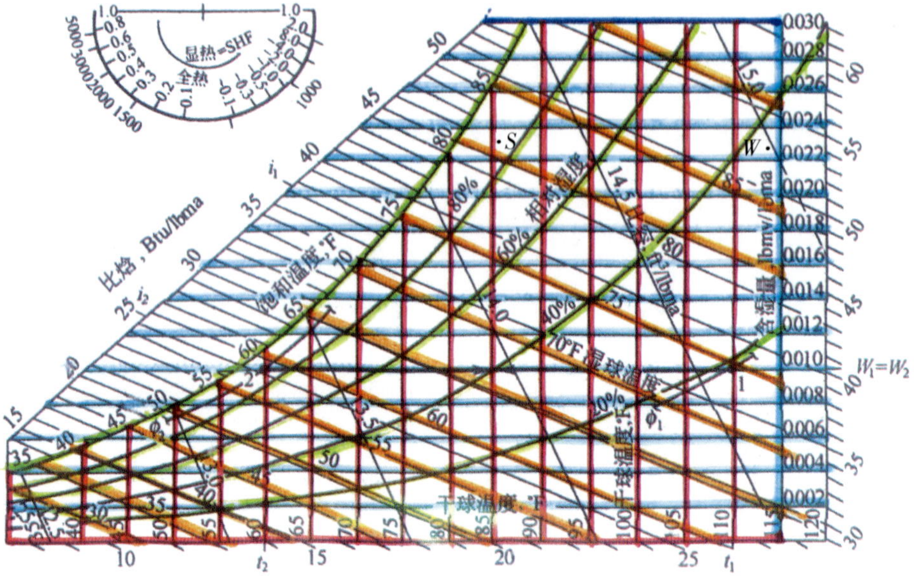

图5-13　温湿度诺模图

缅甸北部云南省都处于亚热带，是热带高原型湿润季风气候。冬季干旱，夏季湿热多雨，年温差小，日温差大，无严寒酷暑，年平均气温13~20℃，1月平均气温8~17℃，7月平均气温11~29℃，而缅甸北部温度比三江高一些。三江并流区比这平均数低，而南线温度较高，由于没有三江并流地区的详细气候数据，现以云南和缅北的气象参数做一粗略的估计。

前面已讲了夏季风极强，次强为秋季春末，约有5个月的时间，湿季属高温多雨，湿度非常大，处于高温高湿，以85%RH来计，气温按20℃，从图5-13中找出温度与湿度交点S，而后找出含湿度坐标W接近0.023bmv/bma。

以开通汽槽上宽50 km，高度为3000 km的倒三角形槽计算，截面积$50000\times3000\times\frac{1}{2}=7.5\times10^7\text{m}^2$，季风气流平均按4m/s计，则每秒以气流量为$3\times10^8\text{m}^3/\text{s}$。空气密度3000m高度为$892\text{g/m}^3$，海平面为$1292\text{g/m}^3$平均值为$1092\text{g/m}^3$，见参考文献。

气流量质量流量为$3\times10^8\times1.092\text{kg/s}=3.276\times10^8\text{kg/s}=3.276\times10^5\text{t/s}=32.76$万t/s，

纯水流量32.76万t/s×0.023=0.75348万t/s。每小时0.75348万t×3600h=2712.258万t。如果季风为4个月即30×4×24h=2880h。累积运送的水量为2712.258万t/h×2880h=7812080.64万t。按受益面积20万km^2，相当于降水0.390604t/m^2。近似为年增降雨390.6mm，如果受益面积为10万km^2，则相当增降雨量每年781.2mm。

这是个很粗略的计算，这一概念就是湿气流导入引起的降水量还是很可观的，其实这里没有考虑分布、流量损失、地形地貌的影响，风速的变化，相对湿度的变化等因素都未考虑在内，只是作为参考。

5.5　进行大气季风湿气流模拟仿真试验研究

本节是预想方案，为了更切实可靠，应作实体缩比模型进行模拟仿真试验研究，模拟季风流动，开挖后的变动，开挖地点、大小进行模拟仿真试验，并进行优选、优化。做得充分细致，才能保证未来的效果。这是事半功倍的开拓性工作。这样才能使工程建立在科学的基础上，当然这是一项巨大的工程，能为国家这样的大工程献身应倍感自豪。

参考文献

[1] 中国地图出版社. 中国地形图. 北京：中国地图出版社，2011

[2] 中国地图出版社. 缅甸. 北京：中国地图出版社，2009

[3] 刘明光. 中国自然地理图集. 北京：中国地图出版社，1998

[4] 中国地图出版社. 中国地图册. 北京：中国地图出版社，2011

[5] 闻君，倪亮. 世界地理1000问. 北京：中国地图出版社，北京工业大学出版社，2009

[6] 温景嵩. 微大气物理导论. 北京：科学出版社，1989

[7] 王静爱，左伟. 中国地理图集. 北京：中国地图出版社，2009

[8] 周峻松. 云南省地图册. 北京：中国地图出版社，2006

[9] 尹嘉珉. 西藏自治区地图册. 北京：中国地图出版社，2005

[10] 尹嘉珉. 四川省地图册. 北京：中国地图出版社，2007

[11] 周敏. 印度地图. 北京：中国地图出版社，2009

[12] heating,ventilating,and air conditioning analysis and design (sixch eaition) faye C,MCQuiston,Jerald Dparker,Jeffrey D.spitler

[13] 吴九辅. 荫房工程系统. 工业仪表与自动化装，1987 (4)

[14] 吴九辅. 安全防爆. 北京：石油工业出版社，2011

第6章 琼州海峡海底隧道工程

6.1 美丽的海南岛——通向天堂的桥梁

美丽的海南岛如今已成为一个最年轻的省。海南省位于我国大陆的南端，与大陆的雷州半岛南端隔着不足20km的琼州海峡，海南简称为琼。海南岛还包括西沙、中沙、南沙群岛的岛礁及其海域，北与琼州海峡与广东为界，西临北部湾与越南相望，东濒南海，东南与菲律宾相望，整个南海东部与菲律宾岛相邻，南与文莱和马来西亚为邻。其南端南沙群岛的曾母暗沙为我国最南端的领土，接近赤道。海南省陆地面积为3.4万km^2，海域面积约200万km^2，人口819万，有汉、黎、苗、回等民族，是黎族同胞的聚居区，海南充满黎族风情，省会在海南岛北边的海口市。全省铁路224.1km，海南岛沿岛铁路已成，东部海口至三亚的高铁已运营。公路17577km，改变了过去的落后状态。

海南岛地貌类型主要以山地、丘陵为主，也包括滨海平原。全岛四周低平。整个地形中间高，以五指山鹦哥岭为代表，向外逐渐下降，形成山地、丘陵、平原构成的环形地貌。山地分布偏南地区，大家熟知的五指山其海拔为1867m，成为海南最高峰。丘陵分布主要在内陆和西北、西南部等地。河流在岛的东部为大家所知，闻名的万泉河，以及北部的南渡江和西部的昌化江等主要河流。

海南省是我国热带海洋性气候区，全年暖热，无冬，雨量充沛，有干湿季节之分，就是1月平均气温也在16~23℃间，所以海南成了我国的避寒胜地。雨量年平均1600mm以上，多台风，有“台风走廊”之称，而且是我国的雷暴区，空气湿度高。所以在海南建卫星发射场应慎之。

海南虽是岛，过去有点偏荒之名，但历史文明可谓悠久，海南岛古有三称：珠崖、琼州、琼崖。西汉时置珠崖郡，晋代入合浦，唐代改为琼崖郡，后改为琼山郡，复为琼州。五代十国至清仍为琼州。“中华民国”时为广东琼崖道，所以海南省简称琼，是由于历史的渊源。1988年成立海南省，成为我国改革开放的特区，而现在是唯一的退税省区。

海南物产丰富，矿产资源种类较多，现已探明的有60多种，主要有石英砂、天然气、铁矿砂、蓝宝石，特别是海南石碌高富铁矿，就是在亚洲也很有名。农副产品，有热带水果，如椰子、菠萝、芒果、香蕉，椰树林成了海南代表风物，同时盛产橡胶，可可、胡椒和咖啡。海南的水产、海产在国内是非常诱人的，以海参、龙虾、海马、水蛇、珊瑚为当地名产，还有万宁大洲的燕窝，文昌的八哥都远销海内外。

海南自改革开放以来有了飞速的发展，外来人口骤增，受过高等教育的人已超过人口总数的5%以上。产业有农业，是国内蔬菜基地，成为北方反季节蔬菜的供应基地；工业有天然橡胶、石油化工、汽车、电子信息、制盐、制糖、森林工业、采矿，虽然是小省，但GDP已超过千亿元。

特别值得一提的是海南旅游，以海南风光为主，兼有一些古迹，海水洁净碧蓝，空气清新、湿润，有美丽柔软的沙滩，充足的阳光，像亚龙湾、陵水湾、香水湾等，还有三亚风光、天涯海角、南山寺观音大佛，东坡书院，伟大女性宋庆龄的故居，海瑞纪念馆、五公祠、博鳌会所等等。

而且在南海诸岛礁、浅滩及其海洋，是东方的马尔代夫，可谓是人间天堂。一旦全面开发，将成为旅游、休闲、度假、垂钓、潜水、海军生活体验的旅居胜地。而海南就是去南海的临海码头，不可替代。南海岛屿浅滩海洋是一块洒满宝石的水晶板，是人间的净土，梦幻的天堂，海南岛就是通向这天堂的桥梁。见图6–1至图6–5。

图6–1　美丽的海南

图6-2　海南亚龙湾海滩

图6-3　海南南山寺观音大佛

图6–4 海南天涯海角

图6–5 海南南海风光

6.2 海南海岛需要大动脉输血

正如前节所述，海南岛作为我国的第二大岛，交通已成了大问题。航空运输，运量有限，成本高，受气象的影响很大。铁路目前靠摆渡，同样受气象海象影响很大，制约海南的发展。因此亟待解决交通问题，切望有一全天候的大动脉。

海南已成为我国旅游的旺地，每年已达上千万的游客。由于近年来南海发现了巨量的石油、天然气资源，一两个无赖的国家，为了一时不义之利，不惜为虎作伥，狐假虎威，蚕食我国神圣南海领土，这些本不存在争端的国土，九段线早已铸成定局的海疆，非要挑起事端，从而使海南岛成了卫疆保土的前哨基地，不沉的航母，在当今的国际环境中，更显的军事战略地位。其内容详见第十章。其交通情况见图6–6。

如今海南岛上交通东环从海口到三亚是高铁，西线铁路已通，另配有高速公路，可谓交通发达，但是海岛对外，主要是民航，以海口、三亚为主流航空基地，另外就是海运摆渡，而且不是全天候的，海南风暴多，雷雨厉害，为了经济发展，促进旅游以及军事战略上的需要，应发展直通铁路，构建琼州海峡海底隧道。

琼州海峡长约108km，最窄处只有19km，海深在100m以下，是我国三大海峡之一。可以讲海峡还是比较窄的，海水也不很深，容易建造海底隧道，见图6–7。

由广东雷州半岛南端的徐闻县海安五里南，汉徐闻港遗址，到海南海口的长流海峡是最窄的地方，采用双洞平行，形成双线，上、下分行，而且从海底到陆地两头应加有两个出口，以备战时之用。总计隧道24km，从地质上讲海南与雷州半岛是一个大板块，而且水深只有几十米深，应该说没有什么大的地质困难，而且距离很短。这样就会形成风雨无阻，直衢通达的钢铁运输线，与大陆形成紧密关系，促进海南的新飞跃，见图6–8。

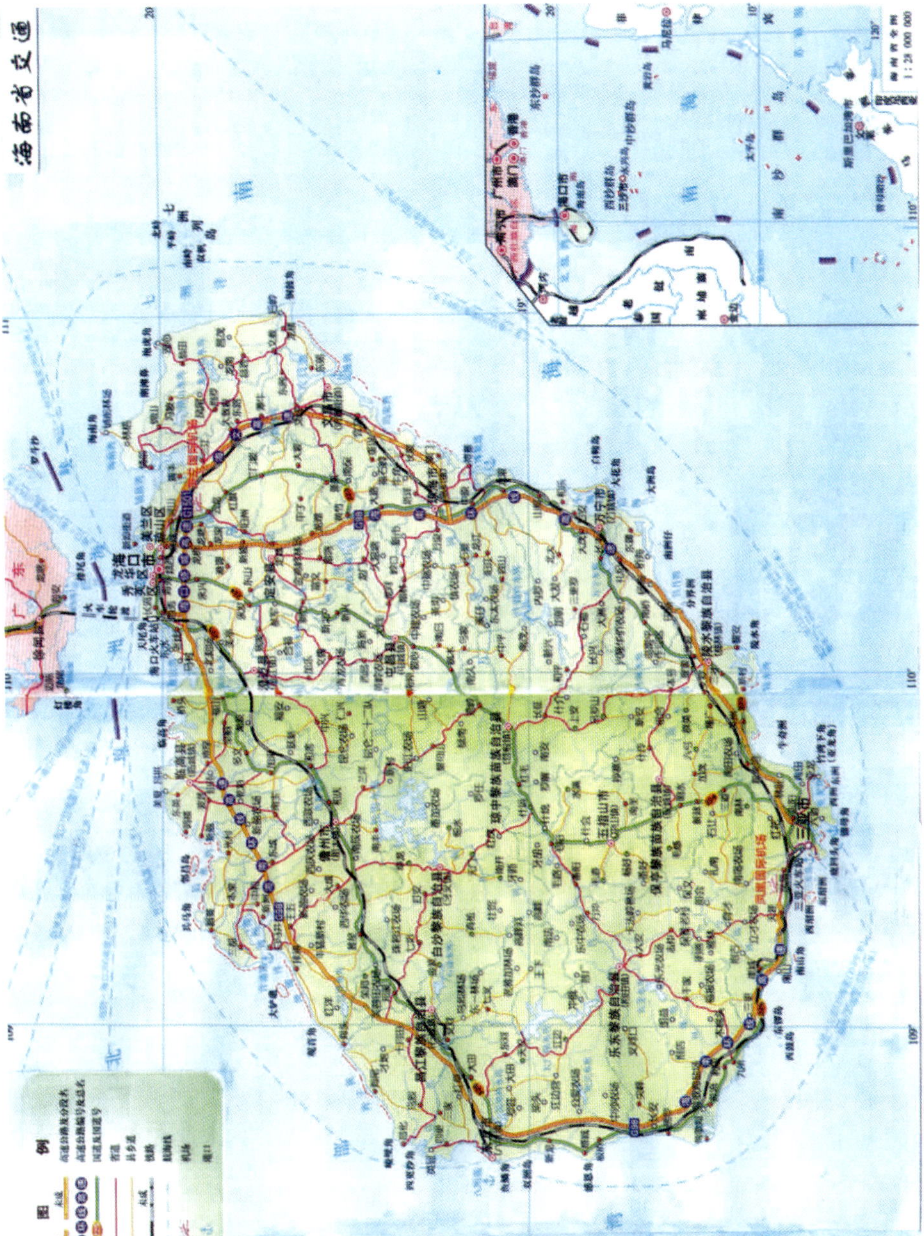

图6-6 海南省交通图

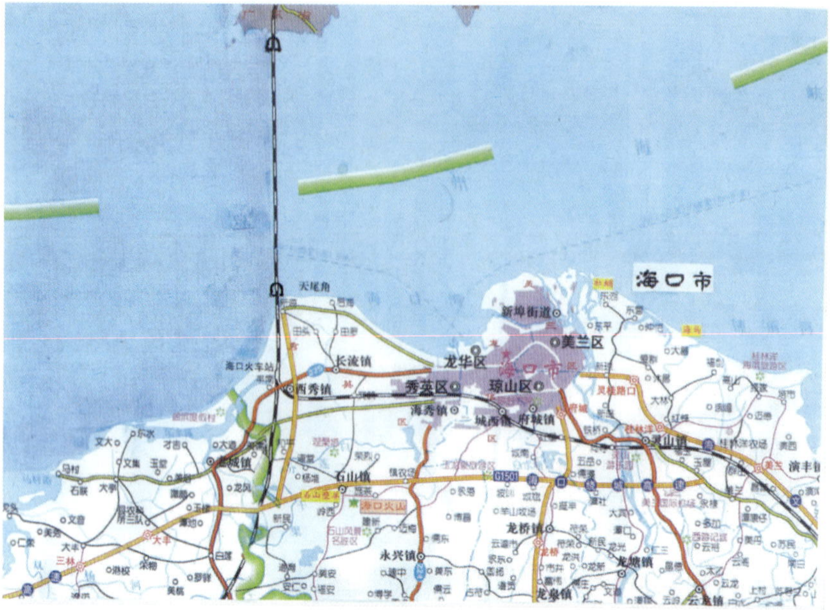

图6-7　琼州海峡隧道示意图

图6-8　广东徐闻县琼州海峡隧道北起点

6.3　构造我国中心部位二三铁路南北大动脉

一旦将琼州海峡海底隧道修通，大陆的铁路列车再不需要摆渡，几分钟就跨过海峡，不受台风、海潮、气象的影响，彻底改善进出海南的条件。更重要的是可以形成我国中部地区南北的纵向大动脉 ，应该称之为二三大铁路，也就是从内蒙古的边陲二连浩特，南下经内蒙古，通过山西、河南、湖北、湖南、广西、广东，直到海南省的三亚。见图6–9。

如今我国东部沿海已成先进的发达地区，西部展开了西部大开发，可谓欣欣向荣，雄飞奋起，中部地区这两年来已奋起直追，起到了承东启西的作用。而二三线大铁路正处于中部贯通南北，二三大铁路，北起处的内蒙古，其发展速度，近几年一直处于全国领先地位。它有丰富的煤炭资源，油气资源，而且是畜产品的基地，纺织品、毛织物的高端产品显露头角。该线贯穿山西省南北，山西也是能源大省，煤炭产储极丰富，而且钢铁、机械发达，对于外运煤炭到南方也是方便之路，通过河南、湖北、湖南西部地区，促进这些地区发展意义重大，也是广西、广东、海南进行南北交流的大通道，促进我国中部的崛起有着重要的推动作用。形成与京沪、京九、京广纵向并行的大通道，对提升我国的国力都有重大作用。图6–9中二三大铁路，北起二连浩特，南至三亚，中间的红色结点为重要的城市，虚线为补充的取直线路，总计200km左右，其余原有路线增强改造即可。

二连浩特是我国北方重要的出口边陲城市，也是石油天然气开采有发展前途的城市，二三大铁路对于集散内蒙古的特产；山西的大同煤炭、钢铁，河南济源、焦作、洛阳、南阳的食品、煤炭、石油矿机；湖北襄樊、荆州、宜昌的汽车、轻工、机械；湖南常德、邵阳、永州轻工食品、钢铁、有色金属；广西的贺州、梧州的食品轻工、有色矿产；广东茂名、湛江、雷州半岛的石化产品等，二三大铁路成了这一丰富物产，工业生产的链条，直通南海构成一条新的经济珍珠链。

二三大铁路直通三亚，再可接通三沙市，南海诸多岛礁，不管是经济上、文化上、军事上都有重大意义，可以讲在中国的心脏部位有了一条大动脉，二三铁路已基本形成，只是修缺补遗，裁弯取直，改造、提升原有路况就可以达到，我们应当以全国一盘棋，大铁路的概念，来思考我国的铁路网。

图6–9 二三铁路大动脉

参考文献

[1] 陈旭，兰建琼. 海南岛能否成为国际旅游岛. 国家地理，2010（10）

[2] 国家版图知识读本编辑部. 国家版图知识读本. 北京：中国地图出版社，测绘出版社，2012

[3] 周北燕. 海南省地图册. 北京：中国地图出版社，2006

[4] 张红. 广东省地图册. 北京：中国地图出版社，2004

[5] 周北燕，石家星. 中华人民共和国地形图. 北京：中国地图出版社，2003

[6] 卢仲进，陈玉. 中国交通全图. 北京：中国地图出版社，2009

[7] 白云，丁志诚. 隧道掘进机施工技术. 北京：中国建筑工业出版社，2008

第7章　渤海海峡海底隧道工程，旅（顺）—蓬（莱）海底隧道工程

7.1　渤海无弯，东北、华东直衢通达

目前，我国东部沿海是我国经济发达区，其中山东、辽宁又是工业大省，基础雄厚，长期以来，作为经济明星地区山东半岛和辽东半岛，遥遥相对，被渤海海峡隔开，其窄处也就106km，就是快船也得五六个小时，而且受海面气候影响很大，要不然得从陆上绕渤海湾绕上一圈，要多走五倍以上的距离。构建华东和东北直通最近的距离，就是使渤海无弯，从渤海海峡直接通达，已成为我们迫切的要求，这无疑将促进沿海地区发展，对巩固国防也有重要意义，也是中国人千百年来孜孜以求的事情。如今国力经济已成为世界第二大实体，已具备了干大事业、大项目的能力和实力，如何将海峡变为通途，不受气象、海象的影响，成为全天候的大动脉，最好的办法就是将渤海海峡的海底隧道修通。

山东省位于我国华北平原的东部，黄河下游，黄海、渤海之滨。山东为一半岛，正像前面第三章讲的，山东像一只欲飞的芦雁。山东东部是胶东半岛，鲁西、鲁北为华北平原的一部分，鲁中地势高，为泰山、沂蒙山地丘陵，泰山五岳之首，是世界自然文化遗产。黄河从鲁西、鲁北穿过，大运河从鲁西穿过。西南角有微山湖，是闻名的抗日“铁道游击队”的故乡。山东近海盛产鱼虾，矿产资源有煤、石油、铁、铝、金等，工业已自成体系。旅游发展，除泰山外，还有蓬莱、青岛、日照等风景区。山东农业产值居全国之首，盛产小麦、玉米、棉花、花生、烤烟等。温带水果丰富，有很多新品种，农业在全国有示范作用。

山东是孔孟之乡、名胜古迹众多，孔庙、孔林、孔府列为世界文化遗产。山东对于发展我国海洋事业有着特殊的地位。山东人性格豪爽，正义感强，在抗日和解放战争中作出过重大贡献。

辽宁省在我国东北的南部，也有一个半岛，处于渤海、黄海之间，就是辽东半岛，与山东半岛隔海相望，是东北的金三角，辽宁省的东西分别为山地、丘陵，主要有千山和巫闾山、松岭，中部辽河平原为东北大平原之南部，辽西沿海

形成沿海走廊是关内外交通要道。辽宁矿产丰富，很多处于我国首位。基础工业强大，曾是年轻共和国的工业支柱骄子，农业、交通都很发达，农副渔产品有重要地位。山东半岛、辽东半岛地势图见图7–1。辽宁有美丽的千山，也在辽东半岛。还有沈阳故宫、东陵、盘锦的红林、兴城海滩等旅游度假胜地，见图7–2、图7–3。

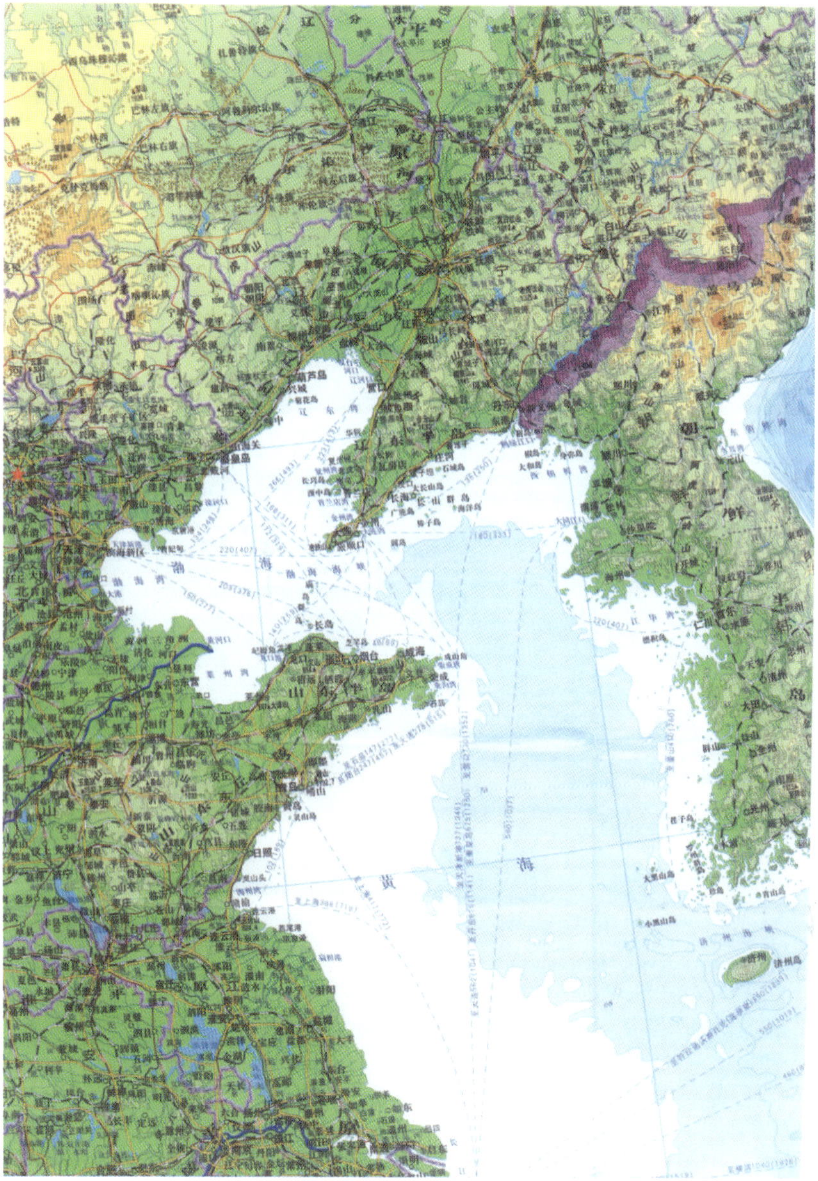

图7–1　山东半岛、辽东半岛地势图

图7–2 雄浑的旅顺老铁山（隧桥起点）

图7–3 神奇的蓬莱（隧桥终点）

7.2　选线方案

渤海海峡最窄处是从山东蓬莱到辽宁大连旅顺，为106km，海深不超70m，无深海沟，也是理想的海底隧道走向，从蓬莱出发沿长岛、庙岛群岛到旅顺的老铁山这条桥隧，依靠海岛，排碴方便，还可将洞碴用来海岛造地，而且隧道出口两边都是岩石坚固的地方，施工方便。这样形成的旅顺—蓬莱桥隧长度也就不超120km。为减少隧道长度，可利用庙岛群岛，由蓬莱市通过与庙岛群岛的庙岛海峡，大约有7km，长岛至北长山岛在3km左右，再到砣矶岛这段约20km，由砣矶岛到大钦岛12km左右，再由大钦岛到北隍城岛，也就几公里。构建铁路大桥，成为陆上交通、旅游观光的长廊，对于开发蓬莱、长岛庙岛有着拨云见日的作用，可以大大促进此地区的经济，最后只剩渤海海峡，再修海底隧道也就60km左右，可以大大节省投资成本，加快工程进度。最后从旅顺的老铁山穿过，到旅顺车站与中长路即哈大线接轨。渤海海峡有着美丽的风光像庙岛群岛风光，见图7–4。利用隧道岩碴在南北隍城岛填海造地，修建渤海地下、地上扼海工程，增强海防与旅顺相呼应，成为守卫京津的要塞。

还有优良军港旅顺口，峻美的千山，历史教科书的刘公岛，北洋舰队的遗迹，都值得我们去审视、深思。见图7–5，图7–6，图7–7。

图7–4　渤海海峡中的珍珠链——庙岛群岛风光

图7–5 优良的军港旅顺口

图7–6 美丽的千山——北国的“黄山”

图7–7　威海刘公岛北洋舰队的海军衙署

7.3　构成东环疆大铁路的连接器

修筑渤海海峡海底隧道工程，直接将辽东半岛与山东半岛直通连接，可使山东与辽宁处在2h的经济界区内。当然对两省两半岛，大连和烟台的经济发展，实现真正的强强联动，使华东与东北直接连通，不再绕渤海湾，见图7–8。

使沪青、胶济线、兰烟线与哈大线接轨，助我华东、东北的经济飞跃。

东北大动脉与山东华东大动脉直接对接。成为物流、人流的有效输送通道，还有更重要的是构成了我国环东疆的边防大动脉，华东的铁路，将烟台、威海、青岛、胶州、日照、苏北、上海等直接沟通，与东北哈大、丹大、抚大线等沟通，构成营养滋润东疆肌肤的大动脉，对巩固国防、保护沿海的经济基地，也有重要的军事价值，这才是真正的基础建设。

渤海海峡海底隧道真正成为我国东疆边铁的连接器。

图7-8 辽东半岛—山东半岛隧桥连接图

参考文献

[1] 哈尔滨地图出版社. 中国地图册. 哈尔滨：哈尔滨地图出版社，2008
[2] 周北燕，石家显. 中国地形. 北京：中国地图出版社，2010
[3] 千山旅游局，烟台旅游局，大连旅游局，等. 风光照片：千山风光、蓬莱风光、旅顺风光、庙岛风光、刘公岛海军衙署，2013
[4] 白云，丁志诚. 隧道掘进机施工技术. 北京：中国建筑工业出版社，2008

第8章　台湾海峡海底隧道工程

8.1　台湾宝岛是祖国的一只肾

从地图上看台湾宝岛，是在太平洋西域撒下的一颗绿宝石，有人说台湾岛的形状像个番薯，也有人说像个纺锤或是枣核。如果将祖国宝岛与大陆联系起来看，更像是大陆胴体的一个肾。不仅是形状，就是与大陆的比例，其位置都是一个肾。而且从拟人意义上讲、历史上讲、政经上讲更是一个不可缺少的肾，大陆没有这颗肾就成了一个病体，台湾岛这个肾离开大陆胴体也会干瘪、枯竭。中华民族强盛时，大陆与台湾高度统一融合；中华民族罹难受人欺凌时，就是将一个肾割裂出去。中华民族近百年的耻恨，尚未完全雪耻，当今仍有外国人插手，坐享渔翁之利，消耗了我们两岸多少时光、白银，极大地损害了海峡两岸的人民的民生。幸运的是国民党主席连战先生开创了台湾新举，成为名垂青史的政治家，自马英九先生在台湾执政以来，坚持“九二共识”，一个中国，两岸关系走向了光明之道。国民党就是因为坚持一个中国的原则，本质上就是胴体与肾不可分的原则，在台湾重新走向了执政的地位。而2012年大选，民进党的落败就是“台独”思想的结果，本质上想叫胴肾分开，支解一个伟大的康体。我们本是一样的皮肤，黑头发，一个祖宗，一个文化体系，乃至思维方式都出一个根。一些想当鸡头不当凤尾的人，以小集团的小利益，想搞“台独”，这是两岸人民都不答应的。而且笔者是个平头百姓，谁想“台独”将胴肾分离，就是拼出老命也要维护统一。这不排除先进理念、制度、价值观的共同探讨和实践，这是两岸人民的根本利益。康师傅方便面在台湾原是一个小厂，可以讲是个小作坊，因为看到了未来，来内地投资，如今发展成为世界上首屈一指的大方便面厂，一碗方便面只要盈利一分钱，就是多少亿元的利润，正是如此台湾101大楼就有康师傅方便面的相当股份，这才叫识时务、大智慧，也赚了大钱。如今大陆已成为台湾第一大贸易伙伴，大陆成为台湾投资企业最多，收益最好的发财宝地。大陆已成支持台湾发展的重要因素，形成了密不可分、优势互补、共同繁荣的局面，

图8-1　台湾在祖国版图中的位置

这也是经济发展的需要、交流的需要、历史的需要，也就是胴肾都需要。应当开通台湾海峡海底隧道，完成胴体和肾的联通大动脉。投资于此比买武器、扩军备战要高明得多，这是历史的功勋，大智慧、大德政，造福中华民族，是两岸同胞的福祉。

台湾海峡海底隧道，这是一个全天候的经济大动脉。一个多小时就跨越海峡的伟大工程，是两岸人民翘首期望的。

台湾在祖国版图的位置、环境见图8–1。

8.2 宝岛台湾与祖国密不可分

台湾自古就是中国的领土，与大陆同呼吸共命运。

从三国时期吴王孙权于黄龙二年也就是公元230年就派将军卫温等浮海求夷洲，开拓台湾。

宋孝宗乾道七年也就是1171年，泉州知府汪大猷在澎湖造屋200间，开始管理台湾。

清朝康熙大帝是历代皇帝中最重视台湾的帝王。

康熙元年即公元1662年民族英雄郑成功打败荷兰侵略者收复台湾。公元1683年7~10月历史名将施琅将军战胜想独立为王的郑氏之孙郑克塽，使台湾完全在大清的统治之下。

在1894年中日甲午战争，台湾被迫割让给日本50年，于1945年8月抗日战争胜利，台湾回到祖国怀抱，1949年蒋介石退守台湾，后因朝鲜战争，美国插手，使台湾问题搁置。

台湾与大陆人民，民族同根，文化同源，近百来第一次打败列强的抗日战争，取得了台湾及其附属岛屿，包括钓鱼岛的回归。根据开罗宣言、波茨坦公告，日本签订的投降书，在历史上已敲定了重槌。

由于长期分离，一小部分“台独”分子，像李登辉、陈水扁之流，想否定国民党在中国历史和抗日战争中的历史地位和作用，迎合国外帝国主义思维，对我中华民族进行分割，实现他们的战略利益，想将台湾这只肾给割裂出去，这是任何一个有良知的中国人不能答应的。

台湾省全图见图8–2，其形如肾。

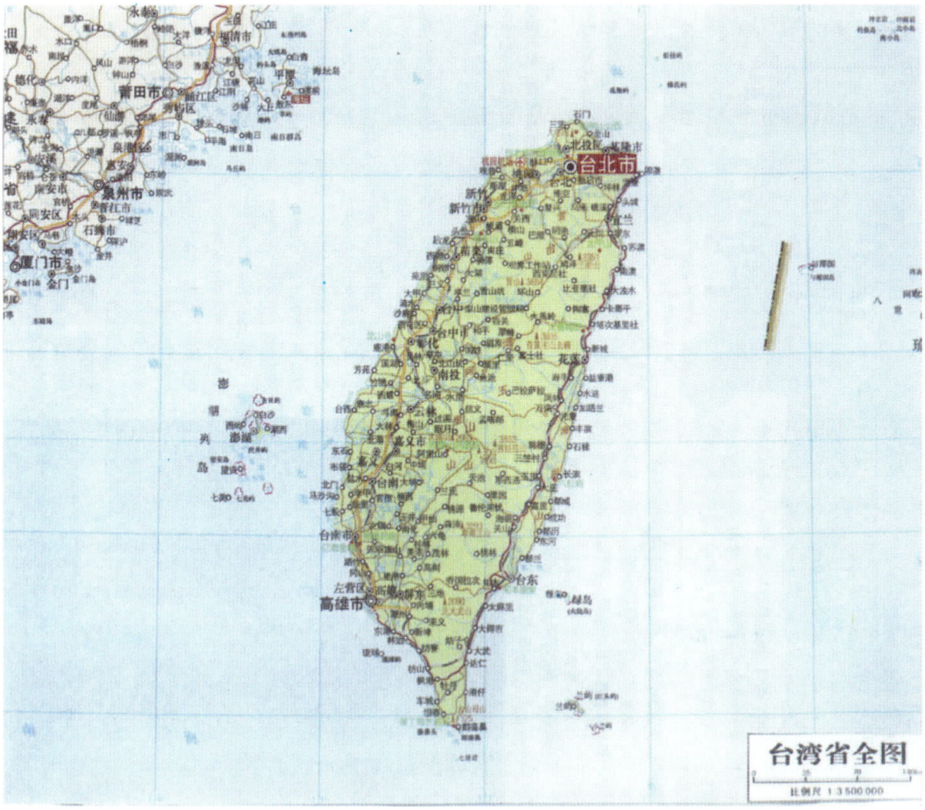

图8–2　台湾省全图

8.3　台湾的重要意义

台湾是西太平洋北起阿留申群岛，依次为千岛群岛、日本群岛、琉球群岛，中抵台湾岛，往南为菲律宾群岛、大巽他群岛，像是串美丽的项链，现代称第一岛链，而这个项链由两个弧形组成，台湾是弧形的连接点，扼守了西太平洋航道中心，拥有台湾我们就能自由出入太平洋，台湾离大陆最近，可以获得大陆的给养，成为六省之护，东南之藩篱，是航线的要冲，兵家必争之地。台湾附近海域的航线被称为黄金海道，全世界大部分大吨位的商业航运都要经过此地，拥有了台湾，也就拥有了以它为中心200海里的专属经济区，也就有了中国西太平洋的黄金海道。见图8–3。

从军事上讲，台湾是一艘永不沉没的航母，它依偎在大陆身边，是我国东南沿海的屏障，南与海南岛，北与舟山群岛形成鼎立之势，成为东出大洋、西保大陆纵深，打断第一岛链的一个封闭。台湾依附大陆这一巨大胴体，陆

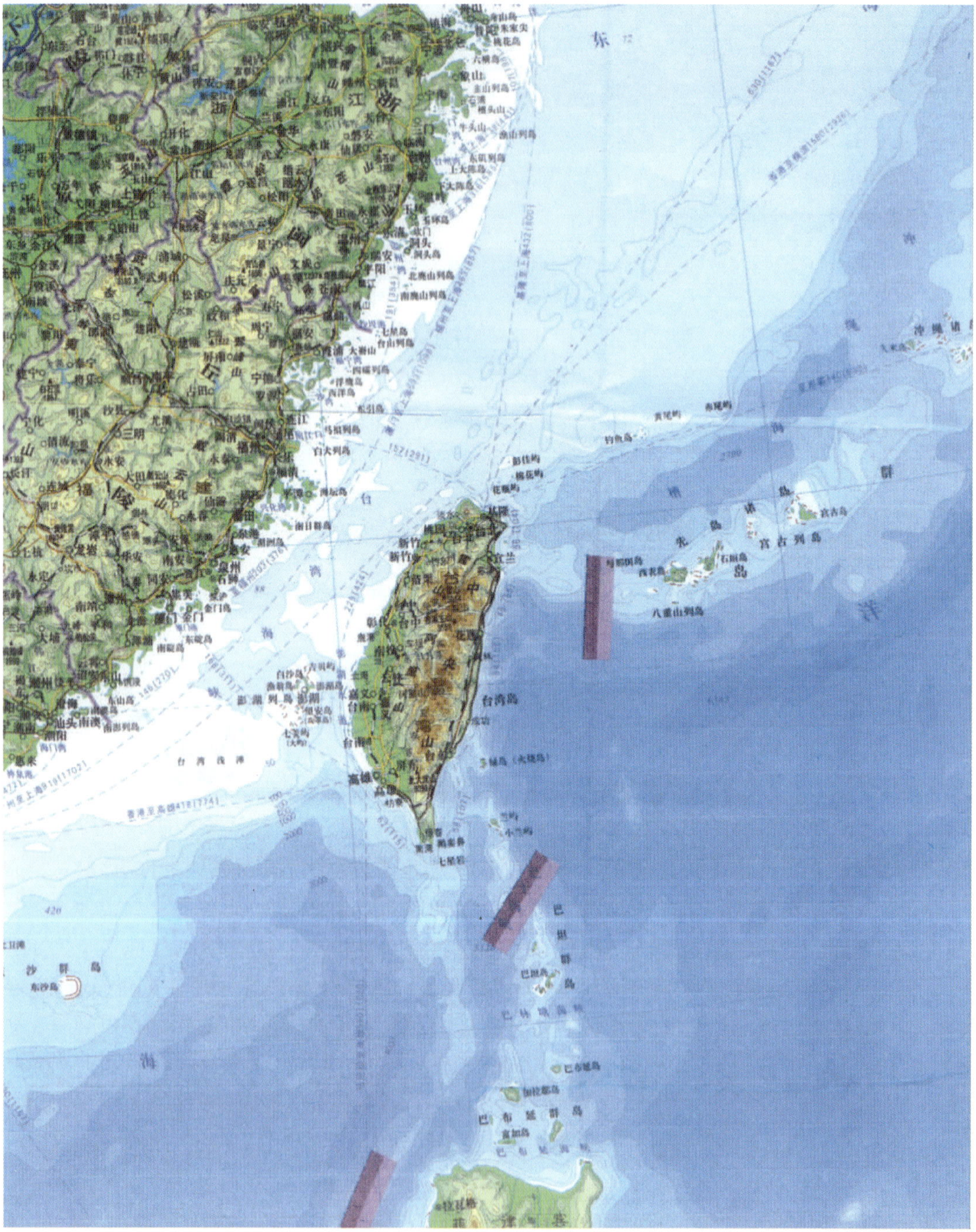

图8-3 台湾及海峡形势——西太平洋要冲

台之间，轮渡只需几小时，飞机要十几分钟就能抵达，随着世界经济的发展，海峡两岸巨大的经济交往，航空虽然快捷，但是运量有限，而且运输成本都很高，更重要的是气候、海象的影响太大。而全天候的海底隧道只要一个多小时，可以输送大量人员和物资，给养台湾，对这只祖国之肾来讲血液充盈，营养丰富，再以台湾为中心向外辐射，又可形成巨大的经济信息圈。

日本是一个资源贫乏的国家，95%以上物资要靠进口，大部分产品要出口，4/5的货船都要走这条航线，据统计每十分钟就有一艘日本船只通过台湾海峡，每年经过台湾海峡运往日本的货物多达7亿t，其中包括70%的石油和99%的铁矿石，大部分制成品也由这条航路输出，可谓日本的经济大动脉，也为日本的生死存亡线。

台湾的经济发达，产业结构合理，资本密集和技术密集，制造业占工业的比重为61.5%，信息业突出，产品名列世界前茅。电子、信息、机械、电机、运输工具占出口50%以上，特别是电脑、光电子，影响全世界，农业已现代化，两岸关系改善，促进了各行业的发展，台湾的GDP105848亿台币=26462亿元人民币。但是，非常美丽的宝岛——台湾太小了。

大陆才是台湾的富氧空间，显身露角的舞台，应当让美丽的宝岛台湾更加美丽。图8-4至图8-7为美丽的台湾风光图片。

图8-4　美丽繁荣的台北市——101大楼

图8–5 风光秀丽的日月潭

图8–6 美丽台湾——险峻的东海岸

图8–7　远眺台湾海峡

8.4　台湾及海峡的地势

台湾是我国第一大岛，连其周围附属大小岛屿86个，而给大陆带来数万倍的海上疆土。台湾3.6万km^2，人口2268.9万人，民族主要是汉族、高山族，台湾南北长394km，东西宽处144km，北回归线横穿台湾中南部，南北长、东西窄的台湾与大陆福建隔台湾海峡相望，海峡平均宽200km，窄处142.8km，海峡南北长500km，南缘巴士海峡与菲律宾吕宋岛相隔250km，北濒东海，距琉球600km，所谓一岛瞰二峡，海峡水深大都在100m以内。台湾中部是台湾山脉，东亚的最高峰3952m的玉山就在台湾中南部，山脉西部地势宽缓，台西平原是重要的农业区，东部山地丘陵山势陡峻，易守难攻，本岛海岸线长1239.6km。

台湾季风强烈，雨量充沛，多台风、地震。今天的台湾岛从地质学上讲，在历史上曾与大陆连为一体，地壳运动把大陆与台湾原本相连的部分变成了蓝色的海洋，形成了波涛滚滚的海峡，根据地质学的研究，台湾海峡形成其过程早在6亿年前的古生代晚期的造山运动就开始了，在中生代，约2.2亿年以前的三叠纪和侏罗纪期间，两岸之间虽然许多地方出现了海水，但主要还是陆地，到1.92亿年前的中生代侏罗纪和白垩纪之间，两岸间发生了剧烈的地壳运动，两岸分别出现了喜马拉雅山脉和中央山脉，但两岸还是相连的。两岸分离开始于白垩纪和古新世时期，也就是在约5400万年以前，台湾西部地区开始被水淹，中间成为浅海并逐渐成为海峡。见图8–8。

台湾半岛原先只是一些零星的小火山岛，后来板块的一段剧烈运动，有些岩石受板块作用而受力，出现火山喷发，大约2000万年前菲律宾板块从东南开始挤压，连同早期的台湾岛及原本高地，小火山岛合成了新一期的台湾岛，台湾东侧海岸山脉是太平洋上火山岛一起挤到台湾岛上形成的，台湾东侧海洋较深，而台湾海峡海水都较浅，还留下了澎湖列岛。

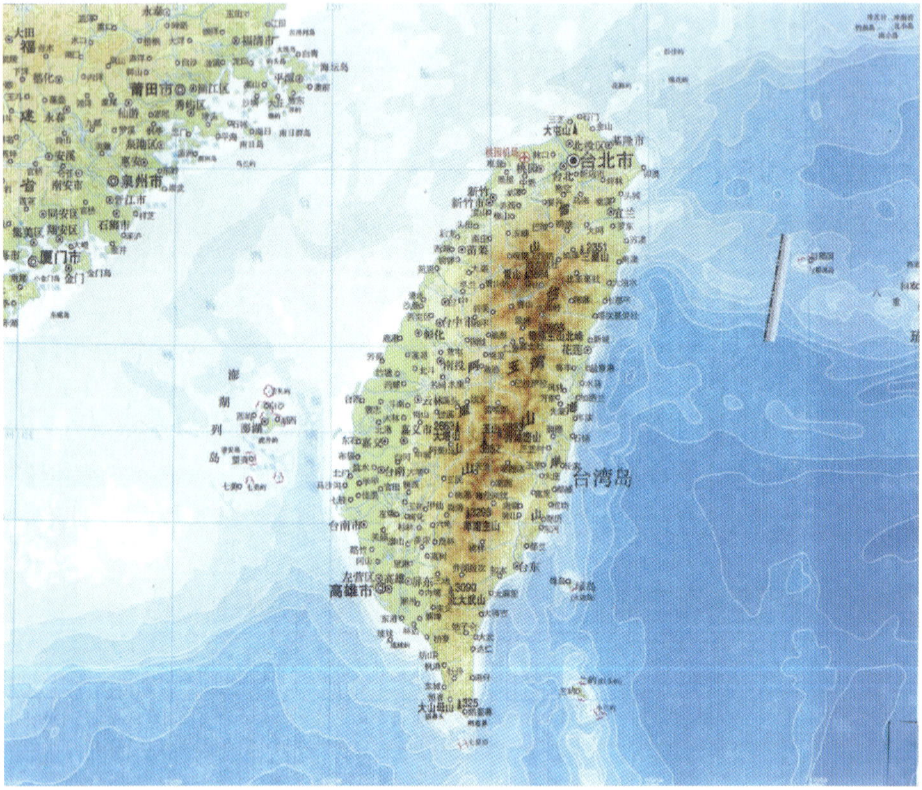

图8–8　台湾及海峡地势图

8.5　台湾海峡陆台海底第一隧道

正是自古台湾是祖国不可分割的一部分，台湾是祖国的肾，无肾不康，肾离则腐，为了两岸的共同利益，修建台湾海底隧道是功在当代，利在千秋的伟业，是输送给养的大通道，是台湾这一肾鲜活的保证，祖国机体的健康保证。

台湾海峡要变通途。这条大动脉修在哪里呢？仔细分析台湾地图就会得出结论。见图8-9，再结合图8-8。

图8-9　海峡隧道位置

根据地质条件、海水深浅、经济地理、陆上交通地理等情况选择。

当然应修在海峡最窄处，还要考虑地质、海峡两岸衔接的方便，从图8-9中可以看出在台湾海峡北部修建较好，地质构造比较单一，衔接方便，以大陆福建省的福清市东南的半岛大丘镇与台湾新竹县的西海岸南寮为最短，约为68海里（142.8km），海深只有几十米，而且在大丘小半岛离福州很近，百千米多，而且温福厦铁路已通，可以直接接轨到温福厦铁路干线上。在台湾新竹南寮是个伸入台湾海峡的小尖咀，隧道出口就设在这里，铁路可以直接接到新竹的台湾西岸铁路干线上去。按当今我国的隧道技术3~5年就可打通建成，这一大动脉大大加强了两岸的联系，增加人员往来物资交流，降低运输成本，更有利于两岸经济发展，民生需求，台湾南部的农产品水果，可在几个小时内摆在福州市场上，而不用昂贵的航空运输。

隧道建设应采用双向双隧，这有很大的优点，通过隧道列车可15min一趟，一天按12h运行，每列车8节车厢，每车厢百人，一天运载量（单向）为近4万人，如果24h开近7万多人，要顶580个航班，隧道列车运输成本降到航运的10%，当然以上情况都是现在粗略估算。还要大大提高旅行舒适度和安全性，见图8-10。

图8-10 双向隧道

上线（实线）为第一海底隧道，下线（虚线）为第二条海底隧道，将厦门与澎湖、嘉义直接连接，但这条线比北线路要长出1/2。

从此台湾宝岛这只肾不会再缺血，祖国机体运行也会进入健康态，也是中华民族振兴之时。每天可以从北京、台北对开多次列车，让两岸人民都可以享受万里长城和日月潭的风光。

希望大陆与台湾双方应早日协商，使这一大动脉早日建成，造福中华民族，功在当代，利在千秋。

第一海底隧道修好后，应更有经验。考虑第二隧道由厦门到澎湖岛再到嘉义的海峡隧道，那将会使台湾这支肾营养更充足，祖国更健康，台湾成为傲视太平洋，据守太平洋西要冲的永不沉没的航空母舰，我们多么期望这一天早日到来。

参考文献

[1] 李志华，张茵. 台湾. 北京：中国旅游出版社，2010
[2] 连战. 在北大演讲，2006
[3] 黄晓风. 中国国家地理图. 北京：中国大百科全书出版社，2010
[4] 山东地图出版社. 中国知识地图册. 济南：山东地图出版社，2008
[5] 中国地图出版社. 中国地图册. 北京：中国地图出版社，2011
[6] 哈尔滨地图出版社. 中国地图册. 哈尔滨：哈尔滨地图出版社，2008
[7] 宋燕. 台湾海峡的万年往事. 中国国家地理，2009（10）
[8] 萧春雷. 中国的制海权是怎样一步步丧失的. 中国国家地理，2010（10）
[9] 张茵. 断层海岸、平直而陡峭的岸线. 中国国家地理，2010（10）
[10] 周北燕，石家显. 中国地形图. 北京：中国地图出版社，2010
[11] 刘明光. 中国自然地理图集. 北京：中国地图出版社，1997
[12] 白云，丁志诚. 隧道掘进机施工技术. 北京：中国建筑工业出版社，2008

第9章 环疆大铁路工程

9.1 国疆皮肤急缺营养脉管

我国是一疆土辽阔的国家，东西就陆地而言要4000km多，加上海疆5000km多，南北窄处也有2500km，加上海疆近5000km。陆地面积960万km^2，海疆473万km^2，北疆弧形边疆有5000km多，海岸线总长32000km。实现人流、物流的畅通，交通一直是构成一个国家的统一、国防的巩固、经济的发展、国力兴盛的重要要素，没有一个四通八达的交通，人流、物流的畅通，就不可能使一个国家强大。历史上大秦王修了大道，盛唐时修了官道。当今凡是发达国家，交通无不发达（包括海陆空）。美国铁路总长23万km，是我国的两倍多。高速公路总长10万km，日本只有38万km^2的面积，铁路2万km，公路密度很高，西欧的铁路密度和高速公路的密度相当高，实现了国际互通。就是印度铁路的密度也比我国高。

铁路是全天候，运输量大，可靠、安全，成为各国争先发展的交通形式。

我国经过三十多年改革开放已有铁路10万km，高铁1万km，当然在世界上我们的铁路密度还不够高，人均铁路长度只有7cm，中国人只要出动1/3的人口排队，就可把中国的铁路占满，所以人均占有还是很低的。但是，我们的高铁发展迅速，技术有所突破，必须肯定。

铁路运输关系国计民生与国防安全，依我国的情况，铁路怎样建设都不过分，将我们积累的财富变成固定资产——铁路，这是凝固了的财富，可以拉动需求，推动国民经济增长。

没有一个强大的军队，就没有一个强大的国家。没有一个强大的国防，就没有人民的安居乐业、国家的安全，铁路是支撑着国家的运营、国防的巩固、基本的物质基础。

纵观国内铁路东密西疏，交通干线少，分布不均，这是由于铁路是在上百年一点一点修筑的，系统考虑、总体考虑欠失。发展到今天，是统筹规划，进行大调整的时间了，强化干线，完善支线。这些都已提到日程上来，做到科学合理规整，为经济发展服务，为国防服务。依此看来边疆铁路很欠缺，国之疆肤急缺营养脉管。东部沿海好一些，但是西部、西南是极度缺乏输养动脉。因此造就一个环疆大铁路，对于巩固国防、发展经济、增强民族团结、消除东西部发展不平衡，内地与边陲的贫富差距，都是至关重要。目前我国已成世界第二大经济体，已有能力来解决这个问题。

第一步，完成环疆大铁路建设。

第二步，完善急需交通大动脉建设。

第三步，完成高铁联网。

第四步，完善支线建设，完成已有铁路的大动脉改造。

第五步，建设几个大的铁路交通枢纽，完成集散控制规划建设。

中国现有铁路交通图见图9-1，现在铁路营运图见9-2，各铁路局管辖见图9-3。

我国制定了铁路规划，应该是比较完善的，但就当前经济发展，周边环境的严峻，我们不得不从另一角度来审视我们的铁路布局，特别是巩固国防，促进边陲发展，巩固民族团结，理顺铁路干线网络关系，都应提前来做。网络理顺是科学发展的需要。

下面将分别进行讨论，以便抛砖引玉。

9.2　我国东疆与南疆铁路已见初型

我国东部边疆、南部边疆的铁路经过近些年来的建设已见初型，东南沿海成就最突出，以福州为中心，福州至厦门至汕头，基本贯通。而福州至温州业已通车，温州到台州业已通车。台州与宁波200km的铁路也即修通营运，东南沿海即全部贯通，再通过沪杭甬线，到达上海。与上海隔江相望的南通，已和苏北铁路连接。当然应将南通直接与上海用铁路大桥连接，使上海多一个北面通道很有意义。至于广州到汕头，目前已有广汕铁路，广州到茂名到雷州半岛都有铁路相通，湛江应与广西北海铁路再修通，东南沿海，南方沿海边疆铁路就已基本形成，这无疑是改革开放以来的重大成就。由于台湾海峡是世界敏感地区，我们近年来的军事关注也在此，环东疆铁路对促使解决大陆与台湾的分治状态，有深远的意义，当然军事强势是基本保证。

苏北最好将连云港与盐城用铁路连接，长约150km，连云港再与日照连接，大约100km，日照与青岛沿海用铁路连接，约100km，山东半岛的沿海铁路基本告成，在烟台蓬莱通过渤海海底隧道与大连相通。大连与庄河已通车，还有同样里程就和丹东相接，也就延伸100km就到了丹东。见图9-4。

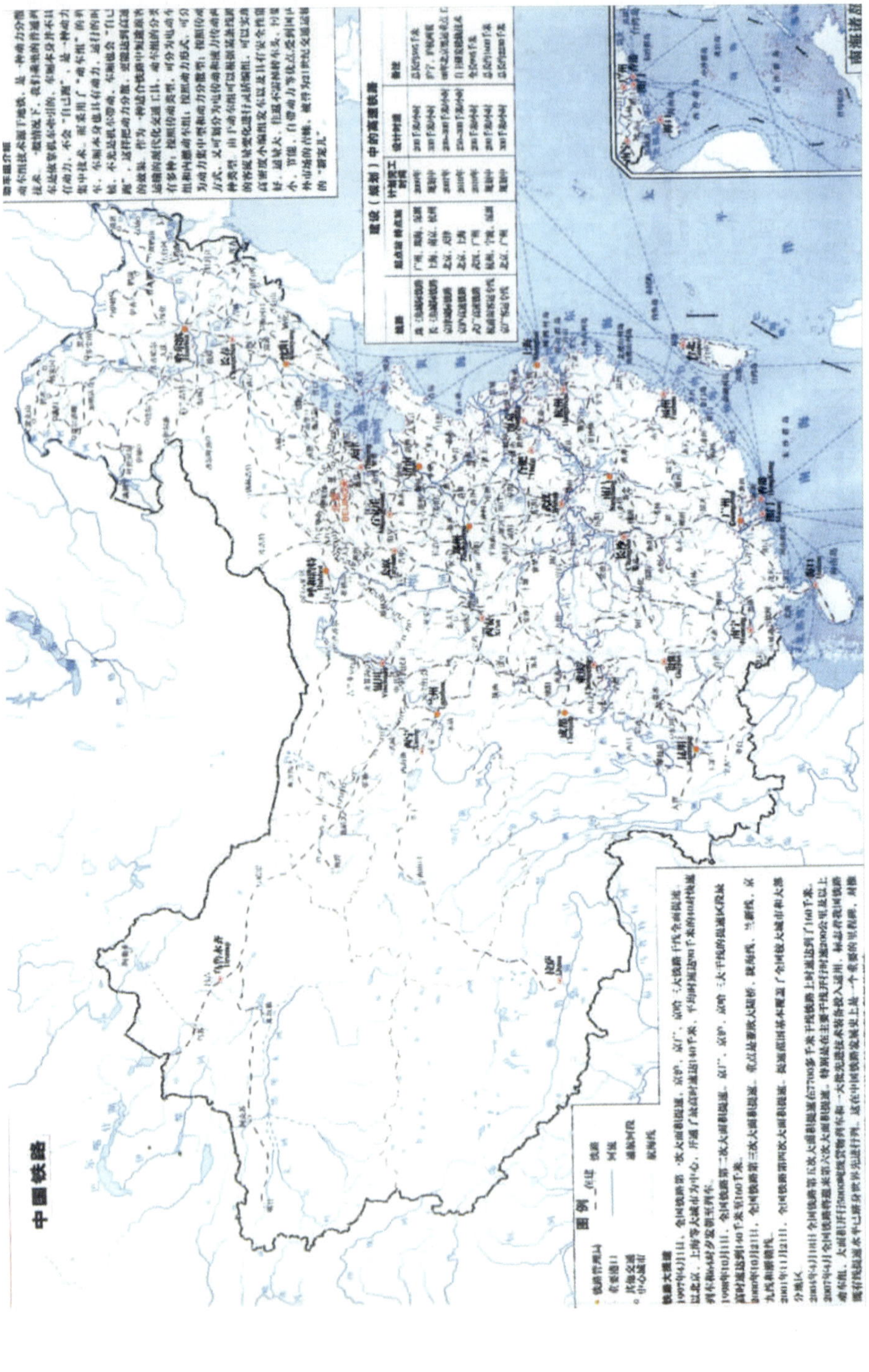

图9–1 中国现有铁路交通图

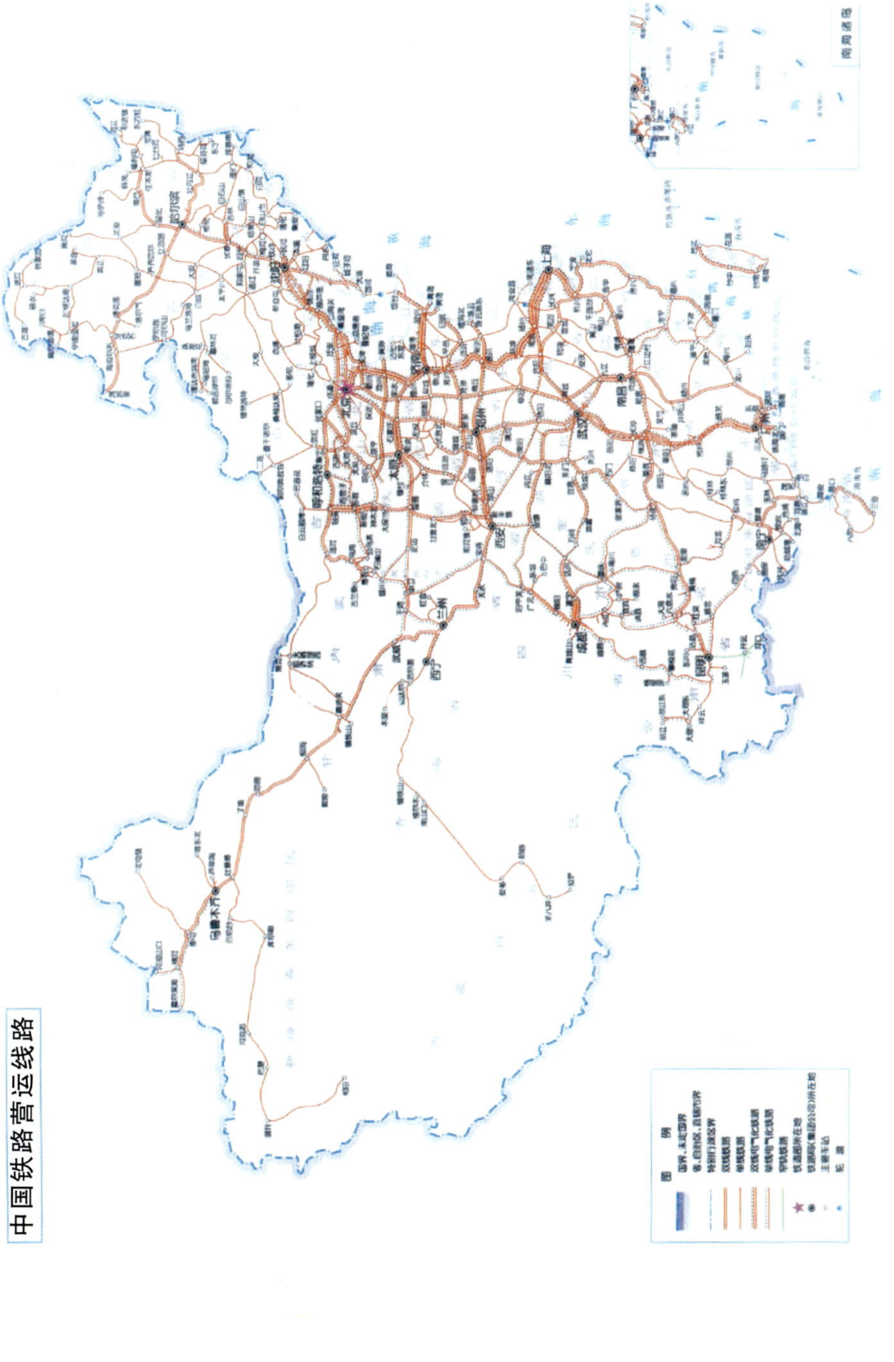

图9-2　中国铁路营运线路图

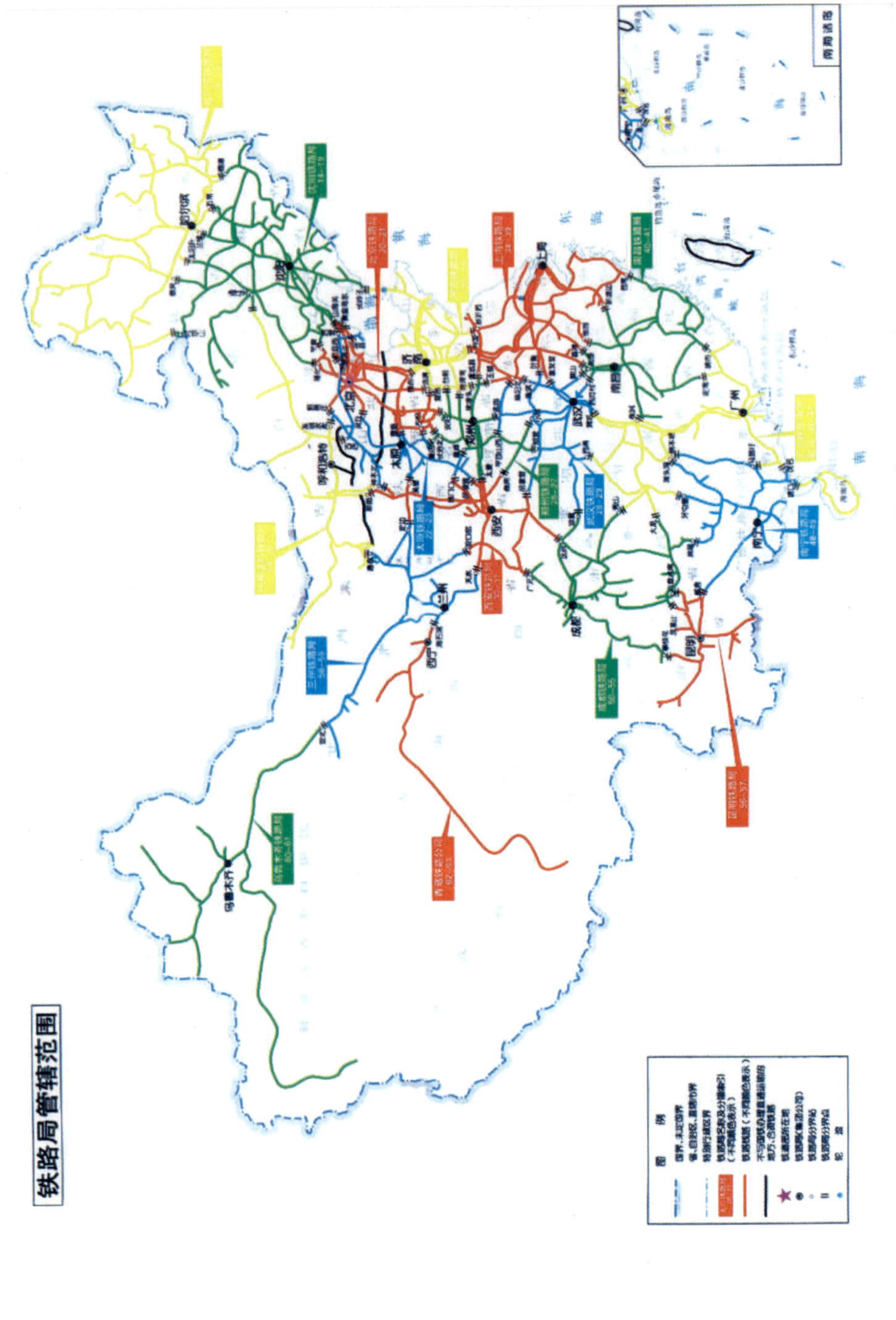

图9-3 各铁路局管辖范围图

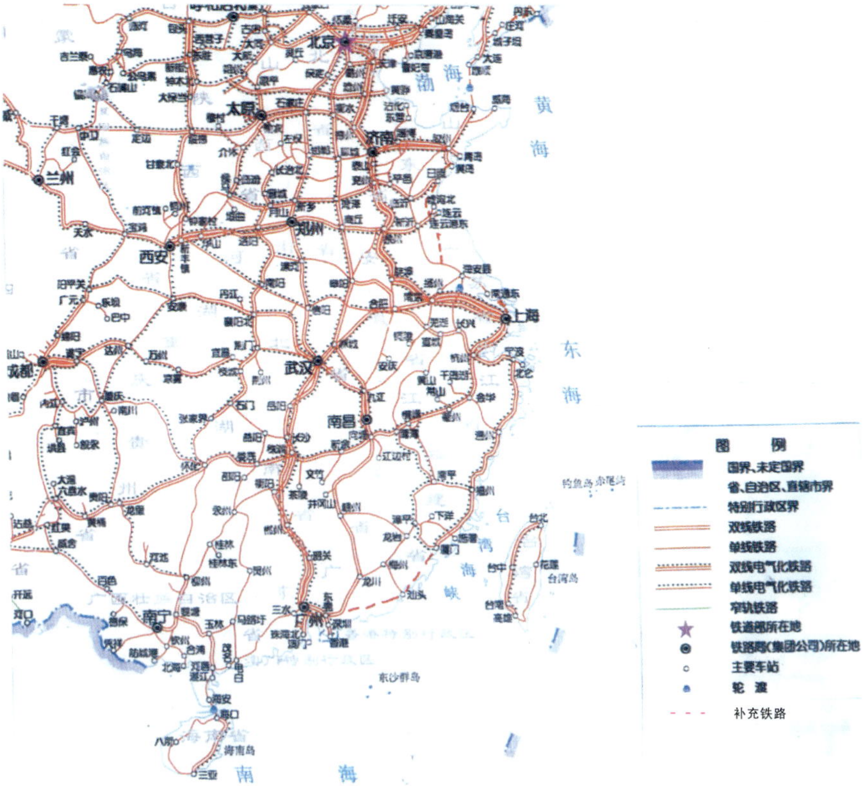

图9–4　东部沿海及南方边疆铁路

9.3　东北地区边铁的思考

1. 抚大铁路

对于东北地区铁路相对关内密度较大，构成边铁大动脉只是取长补短，拾遗补缺就可以了。在前面已叙述到大连，大连到庄河已有铁路，庄河到丹东港，只有近100km的距离，丹东到宽甸已建有铁路，辽宁宽甸到吉林通化约150km还没有铁路。此路一旦修通，就与通化东北白山、白河相通，但吉林省的白河至和龙市还有60km未通铁路。一旦连通，由吉林的图们至黑龙江的绥芬河市的东宁，也就130km，这样东北的东南部边疆的铁路都连通了，总计约440km新线。将大连、丹东、通化、白山、和龙、延吉、图们、绥芬河直接接通，东北三个出海口，大连、丹东、图们（珲春）也就相连相通并且连通绥芬河（见图9–5）。东北的边铁通过拾遗补缺，在黑龙江，由东北三江平原的

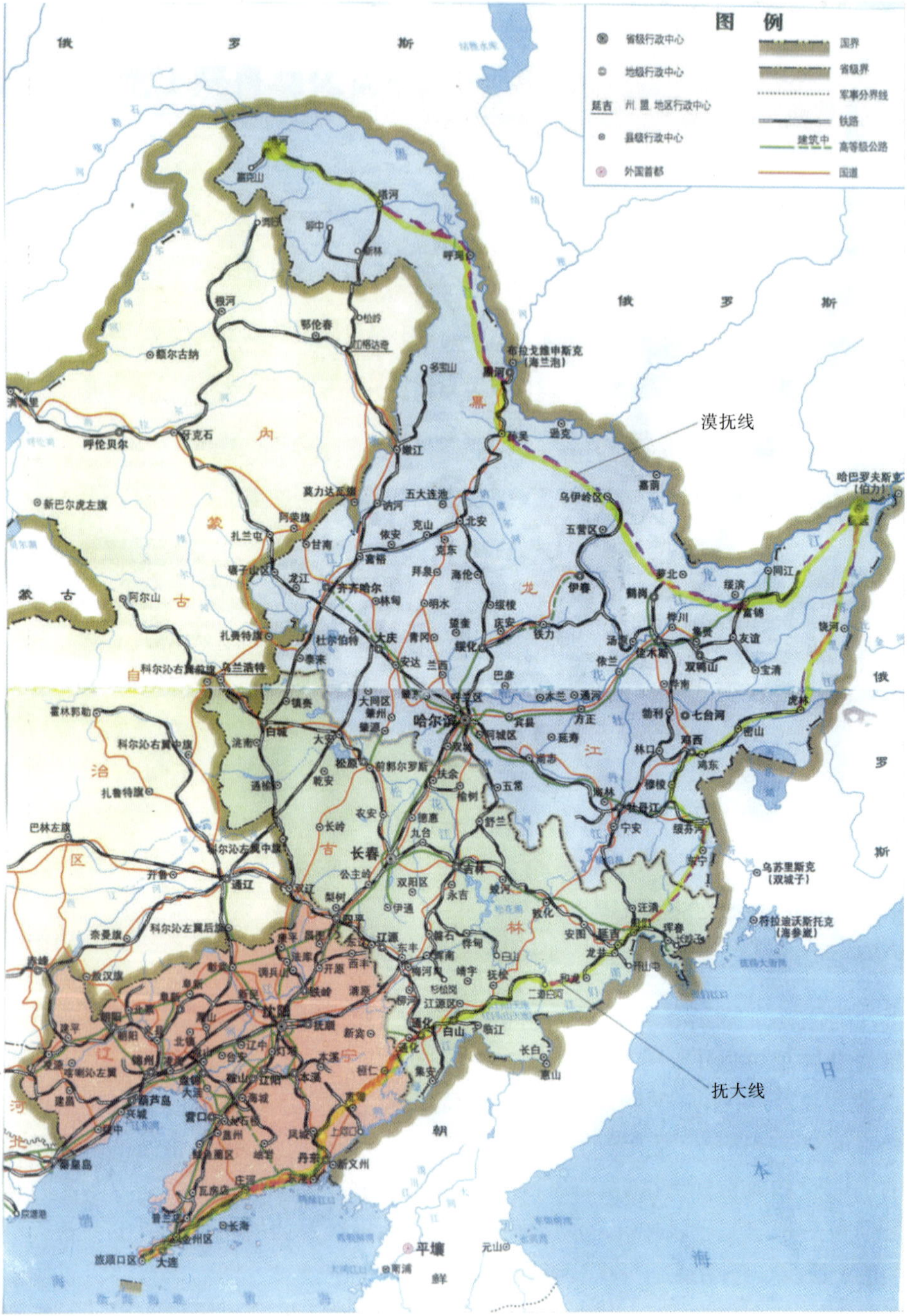
图 例
省级行政中心
地级行政中心
州 盟 地区行政中心
县级行政中心
外国首都
国界
省级界
军事分界线
铁路
建筑中
高等级公路
国道
漠抚线
抚大线
俄 罗 斯
蒙古
内 蒙 古 自 治 区
黑 龙 江
吉 林
辽 宁
河 北
朝 鲜
日 本 海
哈尔滨
长春
沈阳
大连
平壤
塔河
漠河
呼玛
黑河
嫩江
加格达奇
根河
满洲里
海拉尔
齐齐哈尔
大庆
北安
伊春
鹤岗
佳木斯
同江
抚远
饶河
虎林
密山
鸡西
牡丹江
绥芬河
东宁
珲春
图们
延吉
吉林
通化
白山
丹东
锦州
营口
乌兰浩特
通辽
赤峰
哈巴罗夫斯克（伯力）
乌苏里斯克（双城子）
符拉迪沃斯托克（海参崴）
布拉戈维申斯克（海兰泡）

图9–5 东北地区边铁

东方红到饶河再修到抚远，大约230km。由此抚远到大连的边铁贯通，对加强国防、对俄朝的交流将起到重大作用。这条铁路按习惯与提倡的标准应叫抚（远）大（连）铁路，将东北三省东部边疆全部统贯起来，待渤海铁路隧道贯通，将来可以直接获得华东地区的直接支援。对促进赫哲族、鲜族少数民族的发展意义重大，甚至影响到境外。

2. 漠抚铁路

在黑龙江北部，由漠河起，到塔河已有铁路，塔河再往东南到韩家园已有铁路，到呼玛也就60km多，到黑河约220km，然后由黑河的孙吴到伊春北的乌伊岭区汤旺河约200km，再向东南延伸至鹤岗北的宝泉岭，大约有120km，再往东到富锦是110km，由富锦到同江的前进已有铁路，由前进到抚远是120km，这样漠河、塔河、黑河、鹤岗北、富锦到抚远就贯通了。总共要修770km的补充线路，这一条边铁将东北富饶的边疆全部贯通起来，开发东北优势农业，可以成就新的边疆粮仓。这也是东北大米种植的密集区，而且可以向俄罗斯开放，让更多的人赴俄，帮助地多人少俄远东地区的黑龙江流域、达斡尔河流域，对于俄东部大开发是个有力的支持，也抵制了日本的野心，都有重要长远的战略意义。这一带又是我国最北方风光旖旎的地方，如漠河的北极光，奇丽边镇黑河，三江平原富饶的富锦，扼守黑乌汇流的静谧的抚远，生态的饶河，生动的延边，美丽的滨海城市大连。见图9–6神秘的漠河，图9–7边陲重镇黑河，图9–8富饶的富锦，图9–9静谧的抚远，图9–10繁荣的口岸绥芬河，图9–11生动的鲜族之乡延边歌舞，图9–12繁华的边城丹东，图9–13美丽的海滨城市大连。更促进了有特色的旅游业。

3. 漠包铁路

前面已介绍了我国东部的边铁，包括了抚大铁路、漠抚铁路。我国东北就剩内蒙古的边铁了。从全国战略考虑应当建设从漠河到包头的边铁，是横贯内蒙古自治区中、东北部的大动脉，也是去东北地区的第四条大动脉，更是连接东北、西北的大动脉，所以意义重大，在战略网格上十分有用。漠河向南到富克山站已有铁路，到内蒙古的满归镇也就是50km，从满归到根河已有铁路，为改善额尔古纳的经济，由根河增修到额尔古纳，再向南到呼伦贝尔市，这段路长约200km。由呼伦贝尔市向南到阿尔山市已有铁路，再向东南到五岔沟镇已有铁路，由此向南到霍林郭勒市加修130km的铁路，然后向西乌珠穆沁旗新修200km，再向西南修到白云鄂博的满都拉接轨，约230km，再往南就到了包头市，已有铁路利用。由此从黑龙江漠河到内蒙古的满归、根河、额尔古纳市、呼伦尔市、阿尔山市、五岔沟至包头市新修总长1290km，贯穿

图9–6　神秘的漠河极光

图9–7　边陲重镇黑河

图9-8 富饶的富锦湿地

图9-9 静谧的边城抚远地区

图9–10 繁忙的绥芬河口岸

图9–11 生动的鲜族之乡延边歌舞

图9-12 繁华的边城丹东

图9-13 美丽的滨海城市大连

我中华“金鸡”的整个头部到中尾的全部，其中将北京出发经丰宁县到多伦，建设大约200多km的联络线，叫做京北线好了。经桑根达来镇到锡林浩特市，与漠包线接轨，这是一战略线，作为首都可直接向北进入内蒙古腹地，并与京通线、集通线、漠包线相接，可方便进出内蒙古和东北腹地，向西可联络西北。

军事上、经济发展上有重大战略意义，见图9–14。

漠包沿线有不同的地域风光，独具魅力。

图9–15为大兴安岭林区风光。

图9–16为呼伦贝尔草原风光。

图9–17为内蒙古大草原。

图9–18为边城二连浩特国门。

图9–19为稀土之乡白云鄂博矿区。

图9–20为鹿城包头市风景。

9.4　成就西北地区边铁不算难

1. 京乌大铁路

我国北部边铁业已基本上告成，京包铁路是一部分，早已运营，从巴彦淖尔到额济纳旗的铁路已修通。只要延伸从额济纳旗西的塔拉音呼都格附近铁路开始，向西过石板井、马鬃山、北公婆泉到与新疆交界的明水至新疆的哈密，这一段大约有500km。在吐密与兰新线交汇后，向北经口门子向西，经巴马里坤山北，向西经大河、大石头到木垒，一直向西至乌鲁木齐，这一段大约有450km，可成就京乌大铁路，成为进疆的第二条铁路大通道。再由木垒向北到北疆的富蕴、北屯到布尔津喀纳斯，修一条北疆铁路东线。在北屯与北疆铁路（乌苏—阿勒泰）交叉。

京乌大铁路是在原铁路基础上，再修上千千米的新线就可完成，而且是在人烟稀少，动迁极少的地方进行，对西部大开发特别新疆大开发，建设新疆、稳定新疆、发展新疆都有重要意义。新疆长期以来只靠一条兰新线，真是拥挤不堪，一票难求，拥挤情况将会大大缓解，打破新疆进不去出不来的局面，图9–21为京乌大铁路示意图。

图9-14 漠包铁路

图9-15 大兴安岭林区风光

图9-16 呼伦贝尔草原风光

图9–17 内蒙古大草原

图9–18 边城二连浩特国门

图9-19 稀土之乡白云鄂博矿区

图9-20 鹿城包头市风景

图9–21　京乌大铁路示意图

2. 新疆的边铁

①疆内铁路网格

新疆地处我国西部边陲，面积166万km²，比日法德意国的面积之和还要大，边界线占我国的五分之一多，加上新疆大，地形多变，少数民族多，是反恐的前哨。因此，如何发展新疆、稳定新疆，是我们应该慎之又慎的。重要的是我们应当发展我们的经济，交通要先行，铁路是全天候、可靠、承载量大的交通工具，交通是促进民族团结进步的纽带，而新疆地大，居民点分散，更需要交通的支撑。近年来交通发展很快，以前到北疆哈巴河最快也要一周时间才能到，现在从乌鲁木齐出发当天就可以到。南疆铁路已修通，但对于新疆发展的需要，还要加大力度，一个是新疆内部，一个是外联通道。现在已有一定基础，南疆铁路已运营，北疆铁路已修到北屯。喀什到和田铁路，哈密到罗布泊铁路都已修通。从网格布局及边铁的需要，应将和田到若羌的铁路修通，大约有750km，而罗布泊到若羌300km，整个南疆南线铁路贯通，应当叫哈（密）喀（什）铁路，南疆形成铁路大环形。将塔克拉玛干大沙漠包围其中。

为使南北疆连通，选在奎屯为连接点，从奎屯站开始向南，穿过天山到库车，大约有350km，将其修通，应与国防相结合，一路两用。然后从库车向南经沙雅县，阿拉尔市向南修到和田，距离大约600km。这条线将南北疆贯通，应当叫阿（勒泰）和（田）铁路，或西疆铁路。还有就是从库尔勒到若羌的铁路，全长约390km。这也是沟通新疆南北第二条通道。

②进出疆通道

进出疆通道实在太少，兰新铁路不堪重负。据不完全统计，光四川在疆打工民工就80万人之多，一票难求，所以解决进出疆通道迫在眉睫。前面已讲了，京乌大铁路就是其一，分流兰新线的作用。第二通道就是兰新铁路，已经是饱和的。特别是过年过节，摘棉季节及七、八、九、十月份的黄金季节，人满为患，车厢常常挤“相片”。第三通道就在若羌连接，从青海格尔木经乌图美仁、甘森、芒崖镇、若羌过来的青新铁路，穿过塔克拉玛干沙漠东部由若羌向北通过罗布庄、依兰勒克、34团场、33团场、32团场、尉犁县到库尔勒的格库线。因此南疆人流、物流就可以从这条通道出进，分流繁重的兰新线，可充分利用青藏铁路的青海段，从长远看格尔木直接修到成都构成川青的成格线铁路，也就是未来的川新线（从成都到库尔勒），这是一个西部大开发，改善少数民族贫困落后地区面貌，共同富裕的幸福之路，在我们国家战略布局、军事上都有重大战略意义。

未来的川新铁路起点是成都，由成都经川西的马尔康、阿霸、青海玛心，到都兰南边的香日德向西到格尔木形成成格线。格尔木向西经乌图美仁到芒崖镇，再入疆到若羌，由若羌北上到库尔勒形成格库线。成格、格库线组成川新铁路，而且格尔木到库尔勒，地面较平缓，无大山、高山，容易修筑，可以尽快形成运力，与青藏铁路接轨，意义重大。

这样一来，从成都可以直通边陲重镇喀什。

第四通道就是在和田，它是新藏铁路的起点，也是连接南北疆的阿和铁路的交汇点，南疆的哈喀铁路在此接轨。从和田站向南，通过西藏阿里地区、日喀则到拉萨，形成我国西部边铁，有着重要的经济、军事上的战略作用。因为新藏铁路就是从和田开始，经西藏阿里地区到拉萨的路线，也是进出疆的第四条通道。见图9–22新疆的边铁。

将来新疆从南疆的叶城向西经巴基斯坦北部的伊斯兰堡再经奎达到瓜达尔港的国际铁路通道，加强中巴联系，使中国内地直接到印度洋、阿拉伯海、波斯湾，有重大政治、军事、经济意义。

新疆是个好地方，具有独特的风光，有人间净土，原生态的喀纳斯，如图9–23所示，有大漠风光塔克拉玛干，如图9–24所示。

图9-22　新疆的边铁及铁路

图9-23 北疆喀纳斯风光

图9-24 塔克拉玛干沙漠风光

9.5 西南边疆大铁路——世界条件最差的高原大铁路

1. 新藏大铁路（和田至拉萨大铁路）

前一节讲到南疆南线铁路，在和田向南，通过大红柳滩、天岔口、空岔口，进入西藏阿里地区，再经过松西、多玛、日土、噶尔、噶尔雅沙、扎达、门土、巴噶、归桑、仲巴、萨嘎、拉孜、日喀则到拉萨，与青藏铁路交会，可称之为新藏铁路；这条铁路经沙漠地区、青藏高原阿里地区，还要经过冈底斯山与喜马拉雅山的山间山谷，一直到后藏的中心日喀则，将来还要与到尼泊尔首都加德满都的铁路相连，是边疆大铁路最难修的地段。由和田经阿里地区，日喀则到拉萨要1800km。目前由拉萨到日喀则的铁路正在修筑中，大约200km。这条新藏铁路是通往新疆的第四条通道，也是入藏的四条铁路通道之一。地处高寒，人烟稀少，地貌地质复杂，施工条件差，是我国边铁最难修的铁路，其意义重大，从政治上、军事上、巩固国防上都必须修，它像一条血管藏于边疆肤下，必将激活这一地区，为维护祖国统一，巩固国防是异常重要的。距离印度首都380km的重镇扎达，从此有火车通达。

这里还要讲一下应从日喀则拉孜县修一支线，也就200km到聂拉木县，到尼泊尔的首都加德满都的支线，从聂拉木县到加德满都也就几十千米，成为这个内陆国北出的大通道，可以加强中尼友好关系的交流。还有一条支线就是从江孜到边陲重镇亚东的铁路，有重要的军事战略战术意义，也就180km。这些铁路修通后，西藏阿里、后藏不再遥远，青藏高原这里有世界上独特的风光，如图9-25至图9-28所示，其新藏线见图9-29。

2. 滇藏大铁路（拉萨至昆明大铁路）

拉萨到察隅这段铁路就很重要，它既是交通重大动脉，也是边防工事，由拉萨向东出发，到隆子县、哥里西娘、嘎哥、格当小镇之北，到下察隅，再到察隅，基本上沿着喜玛拉雅山的东段的山坡修建藏南铁路，东段形成察拉（察隅到拉萨段）铁路，铁路长约650km。

由察隅向东穿过横断山、怒江、澜沧江峡谷向东到德钦，由德钦向东南方向，到香格里拉，后南下到丽江，再到大理与昆大铁路接轨。察隅到德钦大约150km，德钦到香格里拉约110km，香格里格到丽江约120km，丽江到大理约180km，已修通运营。也就是说由察隅到大理为(150+110+120+180)560km，这也是进藏第二条铁路通道，相对比较好修一点，但也是很难的路段，由拉萨至大理为(560+650)1210km，由拉萨至和田约1800km。从和田经西藏阿里地区到拉萨再到大理为3010km，形成滇藏新藏铁路。沿程风光见图9-30至图9-33。这

图9-25　阿里风景——简陋且和谐

图9-26　藏南谷地风光

图9-27 雅鲁藏布江上游风光

图9-28 高原之城——拉萨的布达拉宫

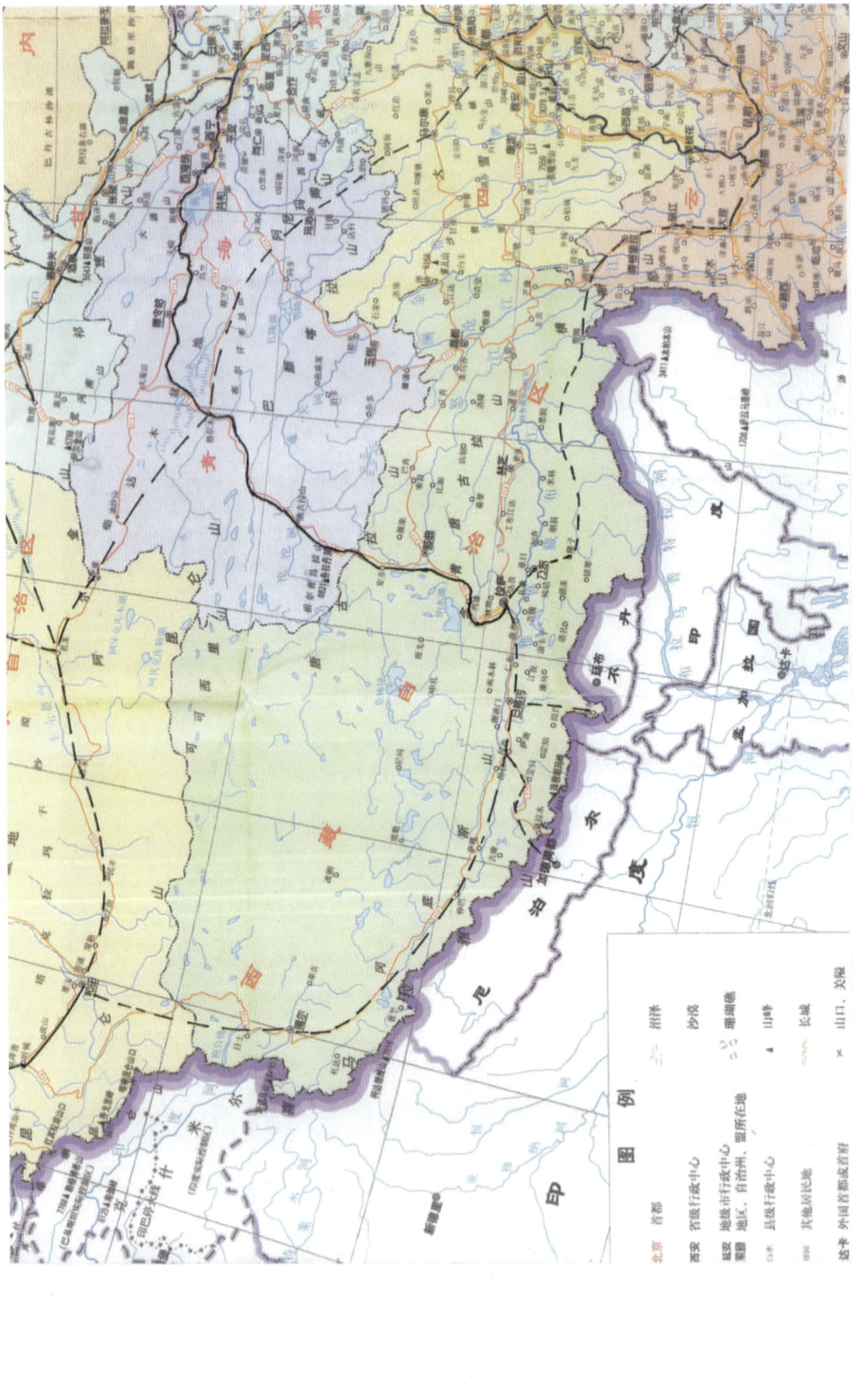
图例
北京 首都
西安 省级行政中心
延安 地级市行政中心
地区、自治州、盟所在地
县级行政中心
其他居民地
达卡 外国首都或首府
沼泽
沙漠
珊瑚礁
山峰
长城
山口、关隘
西藏自治区
青海
四川
云南
尼泊尔
不丹
孟加拉国
印度

图9-29 西南疆边铁

图9-30　三江并流地区风光（迪庆）

图9-31　香格里拉风光——芦沽湖

图9-32 丽江风光

图9-33 大理古城

真是一个不小的里程，相当青藏铁路的2倍。而环境地质非常复杂，开始是沙漠地区，后进入昆仑山地、阿里高寒地区，地质破碎，再后是藏南河谷地区，由拉萨往东是喜马拉雅山东部高山坡地，地层年轻。到察隅以东，以致后来向南，是横断山高山和大峡谷，大都是高寒地区，缺氧严重，沿途人烟稀少，大部分海拔在三四千米以上，只有到洱海西侧才平缓些，隧道多，桥梁多，施工期短，而且有冻土地区，所以环疆大铁路主要工作量70%都在新藏、滇藏上。这是一项伟大工程，也是中华民族一项伟大工程，是一个国家强大、发展经济、巩固国防，消除贫富差别，增强民族团结，改善民生的历史性的工程，将载入史册的伟大工程，可以与长城比美，是中国人值得自豪的工程。青藏铁路做了很多前瞻性的工作，可以借鉴，我国已具备了修建环疆大铁路的技术水平和经济实力。

9.6　铁路大动脉从新定格，实现集散控制运营

首先对已有铁路进行改造修整和提高。由于经过上百年，特别是新中国成立以来，陆续修了好多铁路，由于时代不同，技术发展程度不同，国家指导思想不同，乃至经济实力都不一样，所以铁路的情况参差不齐。过去标准低，只要能通车就行了，有的是满足一定的运量、运速就行了。今天就不一样了，都采用高标准，一次投资，一次到位，特别是高铁、铁路客运专用线，由于国家经济实力的增强，采用高标准，现代化设备，大大提高了铁路的效率、运速，比如西安到安康的铁路，横穿秦岭隧道桥梁占全线70%以上，秦岭隧道达18km之长，为亚洲之最，由于水准高，施工质量好，可以讲遇山钻洞，遇河架桥，线直、路平，自通车在4个月后就达到了设计要求，几年运营，全天候无路害，维修量小，经济效益非常显著，而且沿路是一条风景线，值得赞誉。

目前中东部铁路已基本成网，现在应跳出原路的局限，应该按大格局来审视铁路。

1. 南北线

● 京沪线。现在京沪业已成型，有普通线，又有高铁。

● 京九线。京九这一南北大动脉，真正成为大京九，而且开始起步，水平还是比较高的。只是应将阜阳到九江，经安徽六安的直通线修通就好了。再往西就是京广线，京广线经多次改造，已真正成为中国经中原核心地区的大动脉，而且高铁也全线贯通，这是一条历史悠久、重要的南北大动脉。

● 沪汕线。目前已基本形成从上海到杭州、宁波、温州、福州、厦门、

汕头的东部沿海的大通道，再将汕头经陆丰、海丰到广州的沿海铁路修通，应叫它沪（福）广铁路。

● 沪青线。从上海过长江到南通至苏北盐城到连云港，再沿海至山东日照，沿海至青岛，我们应叫它沪青线，只有小段未通，其余全通车了，当全部贯通后使上海有一个向北的通道。

● 二三线大铁路。下面介绍的是南北最长，尚未引人注意的南北第四条大通道，那就是二三大铁路，从内蒙古的二连市到海南三亚市的铁路线，这条铁路在前面第6章中已提到。这条连接内蒙古、山西、河南、湖北、湖南、广东、广西、海南8个省区，全长3200多km，沿线重要的城市有二连、乌兰察布、大同、朔州、忻州、太原、晋中、长治、济源、洛阳、南阳、襄樊、宜昌、常德、涟源、邵阳、永州、贺州、梧州、玉林、湛江、徐闻，过琼州海峡到海口再到三亚，要过二十几个大中城市，穿越我国中部、中南部这一新崛起的地区，中小城市密集，堪比京广线，而且二连浩特地处边疆，与蒙古铁路接轨，直通乌兰巴托蒙古国首府，在俄罗斯的贝加尔湖东的乌兰乌德与西伯利亚大铁路接轨。也是去南洋、澳洲最方便的通道。

二三大铁路全线应以南北大通道的概念来改造、修整、提高，在湖南省的常德、邵阳间补修一段约200km的新线。

二三铁路大动脉贯穿中国核心地区的南北，也是京广线并行的姊妹线，可以大大减轻京广线的负担，同时使湖南增加了与京广线平行的第二条南北大通道，成为湖南南北中心通道，对湖南的发展有着重要推动作用，见图6–9，从其所在地理位置就可以决定二三大铁路在祖国大地上的地位，走势见图9–34。与漠包线、京乌线相接，实现东北、西北边陲交通的通达。

应该有意识地去强化二三铁路大动脉，提高线路、设备的技术水平等级，成为第二个京广线，分担京广线的压力。这条铁路南北差异巨大，沿途有不同的风光，见图9–35、图9–36。

● 包防线。下面讲述一下南北第五条大通道，也就是包防铁路，从内蒙古的包头到广西的防城港，中心城市包头，经鄂尔多斯到陕西的神木、榆林、绥德、延安、西安、安康，到重庆市的奉节，再向南到湖北的恩施，再向南到湖南与原枝柳线的吉首相接，从陕西的安康到湖南的吉首500km多还未开建，其余都已建成，由吉首向南到怀化，再往南到广西的柳州，向南到钦州西片是防城港（钦州到防城只有40km），东伸到北海市也只有80km，包防线全长约2500km，将内蒙古与陕北的能源基地、石化基地、机械制造基地与南海相通，对于改变老区、贫困区，如陕北、陕南、鄂西、湘西、桂北的落后面貌，加速后进地区的发展有重要作用。这也是一条扶贫线，消除地区贫富差别的输养大动脉，一定要好好补充线路不足，提高等级，强化干线，提高运速。这也是一条开发中国西部，增强国防的一条支撑的通道。实现与漠包线、京乌线连通。

图9-34 中原二三大铁路

图9-35 二连浩特市风光

图9-36 海南三亚风光

● 巴昆线。下面再介绍一个第六条南北通道巴昆线，主要在西部省份，从内蒙古的原包兰铁路上的巴彦淖尔市经乌海到宁夏的石嘴山、银川、中卫，进入中卫—宝鸡铁路，经由固原，到甘肃的平凉，陕西的宝鸡，转入宝成铁路，到成都后转入成昆铁路，目前已构成我国西部重要南北通道，将内蒙古、西北东部与西南联系起来，是燃煤、矿产、三线的重要联络线，见图9-37。不用新修线路，只需对原线整理提高，更重要的是要用大系统思想来对待巴昆线。

● 南北线除了这几条重要干线，还有相接的支干线，形成扇形结构，如东部地区南京到温州，虽然现在已经连通，但从总体上看，黄山与千岛湖（建德）新线补充上，更为有利，还可作为东西线——杭州到武汉的补充线路，也就100km。

● 阜阳、合肥、安庆到福州、厦门的直通线。最好将安庆与景德镇北的区间铁路修通，这一段是铁路网络中的规划线，也是优化要素，而距离只有100km。

● 在西部，就是从安康经达州、重庆、贵阳到百色的铁路。一条南北的扇形骨架中的延伸线，应当从贵阳市新修一条直通百色的铁路，避开都匀这一路段，因为这段路段多路害，标准低，成为贵阳向广西、湖南的瓶颈。新建贵百线，可以分流经都匀的物流，而且只有300km，也是一条扶贫改貌的线路。

再有就是西部从京乌大铁路甘肃的马鬃山开始，到兰新线的柳沟，其间也就150km尚无铁路，由柳沟经已修好的去敦煌的铁路，向南经阿克塞，过当金山口，穿越阿尔金山到青海鱼卡、大柴旦，在锡铁山与青藏铁路相接，大约350km，经已修成的青藏线直到拉萨，将甘、青、藏、新联系在一起，将四条西北铁路横向线连接在一起，对支援西藏，巩固国防有重大意义。成为我国南北也是全国第七大通道。

● 哈喀线（哈和线加上喀和线）。由哈密经若羌、和田到喀什，大约1800km，构成新疆疆南大通道。目前已修成喀什到和田，哈密到罗布泊的铁路尚有罗布泊至若羌，再到和田的1050km未修通。某种意义也是全国第八条南北通道。

● 阿和线。从新疆北疆的阿勒泰地区的北屯经克拉玛依到奎屯（已建成通车）。从奎屯向南穿过天山，到南疆的库车再沿和田河向南到和田，约900km未修，从全国角度看可视为第九条南北通道，对于沟通南北疆，巩固国防，发展新疆经济都有重大意义。

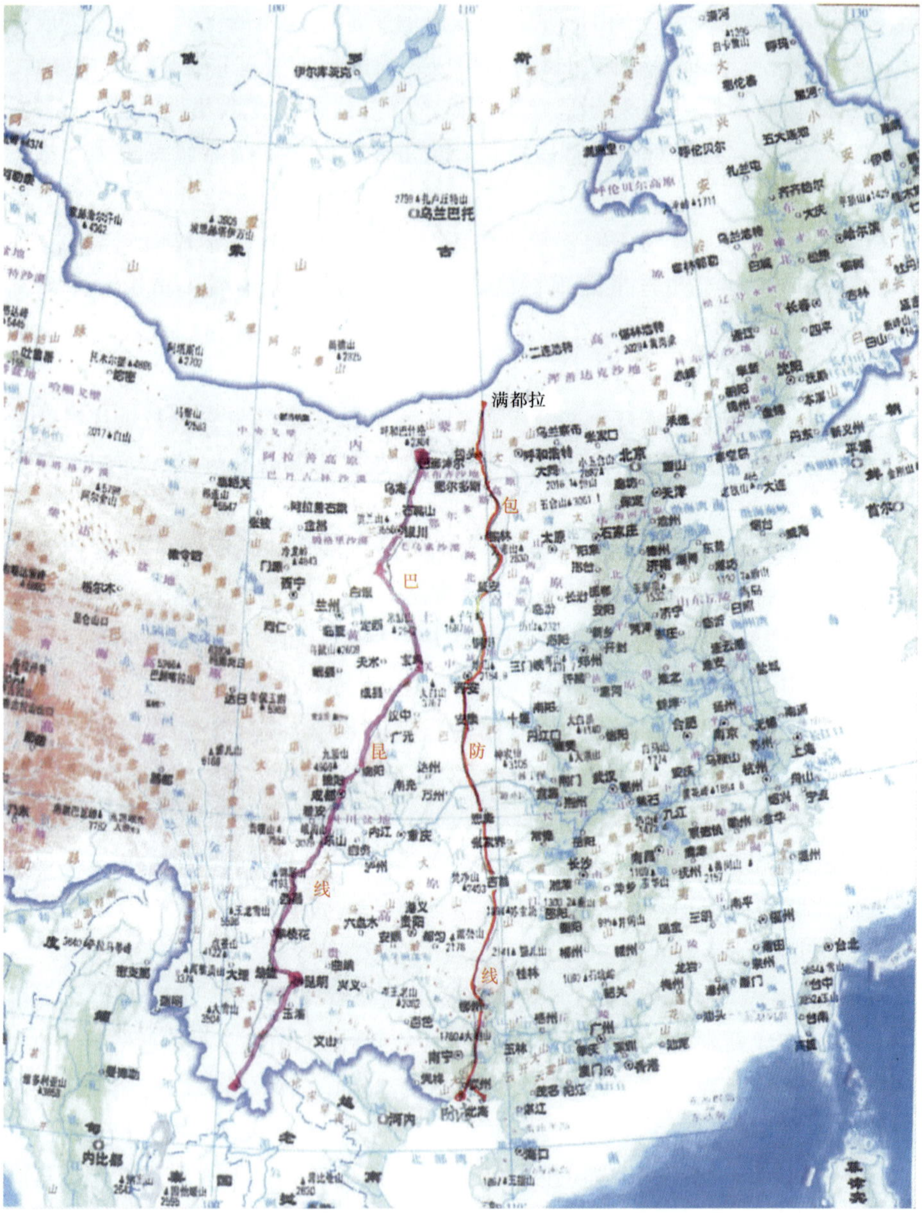

图9-37 包防线、巴昆线走向示意图

2. 东西线

● 打造京乌大铁路。东西线，首先是陇海线、兰新线，构成了连接欧亚大陆桥干线，实际上是连（连云港）到阿拉山口的横贯中国腰部的大动脉。

再有就是杭昆或讲沪昆线成为中国江南一条重要的大动脉。

应该讲从上海到重庆、成都的横向铁路大都已建成，发展比较理想。下面只讲急需的线路。

这里要讲的是应完善补充，从北京到包头再到巴彦淖尔，经额济纳旗、策克，在吉格德向西经石板井、公婆泉、明水，进入新疆，然后到达哈密，这一段路长500km多一点。再由哈密向北，经口门子、白石头，到巴里坤县向西到木垒、奇台、阜康到乌鲁木齐，从哈密出来沿着博格达山脉的北麓，这段路程大约有600km，实际从策克到乌鲁木齐也就1100km。建成后，成为京（北京）乌（乌鲁木齐）大铁路，这条铁路有重大国防意义和经济意义，全长约2700km（原已有1600km和新建1100km），为更好贯通，从全局看应当将张家口市的怀安到乌兰察布的短接线接通，只有100km，因此可以近150km。京乌大铁路是我国北疆的大动脉，也是第二条进出新疆通道，是发展新疆、巩固新疆重要举措，见图9-21。沿线有很多特殊的地貌奇观，见图9-38、图9-39、图9-40。

图9-38 河套风光

图9-39 甘肃巴丹吉林沙漠

图9-40 世界自然遗产天山——博格达山麓天池

● 构建西北西南大通道——川新线。要想构建西南西北的大通道，给新疆进出第三条大通道，这就是成（成都）库（库尔勒）铁路或称川新大铁路。这条铁路从成都起始向西北，先到马尔康、阿坝，再到青海的久治，向西北经玛泌到花石峡，与西宁到玉树的公路相交，然后再往西与西宁到格尔木的青海湖南线的公路上的香日德相交，最后沿公路西行至格尔木。这条线从地质上讲，起于成都平原，海拔低的地质板块与青藏高原板块相接的川西地质非常复杂，而且多地震的断裂带上，海拔升到2500m以上，增加了修路难度，但是在路线上是选了相对较低的谷地，并在原有公路基础的地方通过，以适应开工时减少投资。另外要避开生态脆弱的黄河源区，远离扎陵湖和鄂陵湖地区，最好的保护就是人别去。这段铁路从成都至格尔木距离有1150km。这条铁路是西南、中南、西南与西北、大西北的重要主干线，对于改变川西、青海落后面貌，搞好基础建设，开展扶贫有重要意义，所经之处是贫困、落后地区，也是少数民族聚居地区，但这一地区矿产资源还比较丰富。

川新线的格库段，从格尔木出发经托拉海、中灶火、乌图美仁、甘森、芒崖、大乌斯、花土沟，在芒崖镇处入疆，此段约540km，再向西经苏吾其到若羌（与即要修的南疆铁路南线相接），之后北上到阿拉干、三十四团场、三十三团场、尉黎县后北上到达南疆重镇库尔勒。从芒崖镇到库尔勒大约也有560km，则由格尔木到库尔勒大约1200km，这条线路相对讲，还是比较好修，从格尔木到芒崖镇，虽然整个地势比较高，但较平缓，主要路经戈壁，还有草原，很少沙漠，而且已有公路相伴。到了新疆，除青海、新疆交界附近地势较高有些崎岖，是南疆盆地的低位入口处，铁路全线都是在沙漠，沿河、沿路，不怎么占用土地，没有搬迁问题。

这条铁路是进疆的第三条大通道，可以讲与兰新铁路具有同等重要地位，因为整个南疆地区都可从这条铁路进出，还可将乌鲁木齐部分人流、物流分流。在成格铁路（川新线东段，也可叫川青铁路）未通车时，因为格库线与青藏铁路在格尔木接轨，大大改善进出疆难的问题，川新这条线是一条维稳线。扶贫线、致富线。无论如何也要将青新线先修通，这是开发大西北的举措，见图9-41。

进出新疆的第四条大通道就是从和田，经西藏阿里地区、后藏到拉萨的线路，前面已介绍过了。

● 新疆一些局部铁路问题。作为新疆发展规划，还有从木垒到富蕴、北屯、布尔津、哈巴河喀纳斯的乌（鲁木齐）布（尔津）线。南疆从喀什到若羌的南疆南线，前面已讲过，为沟通南北疆，应将奎屯到库车，库车到和田

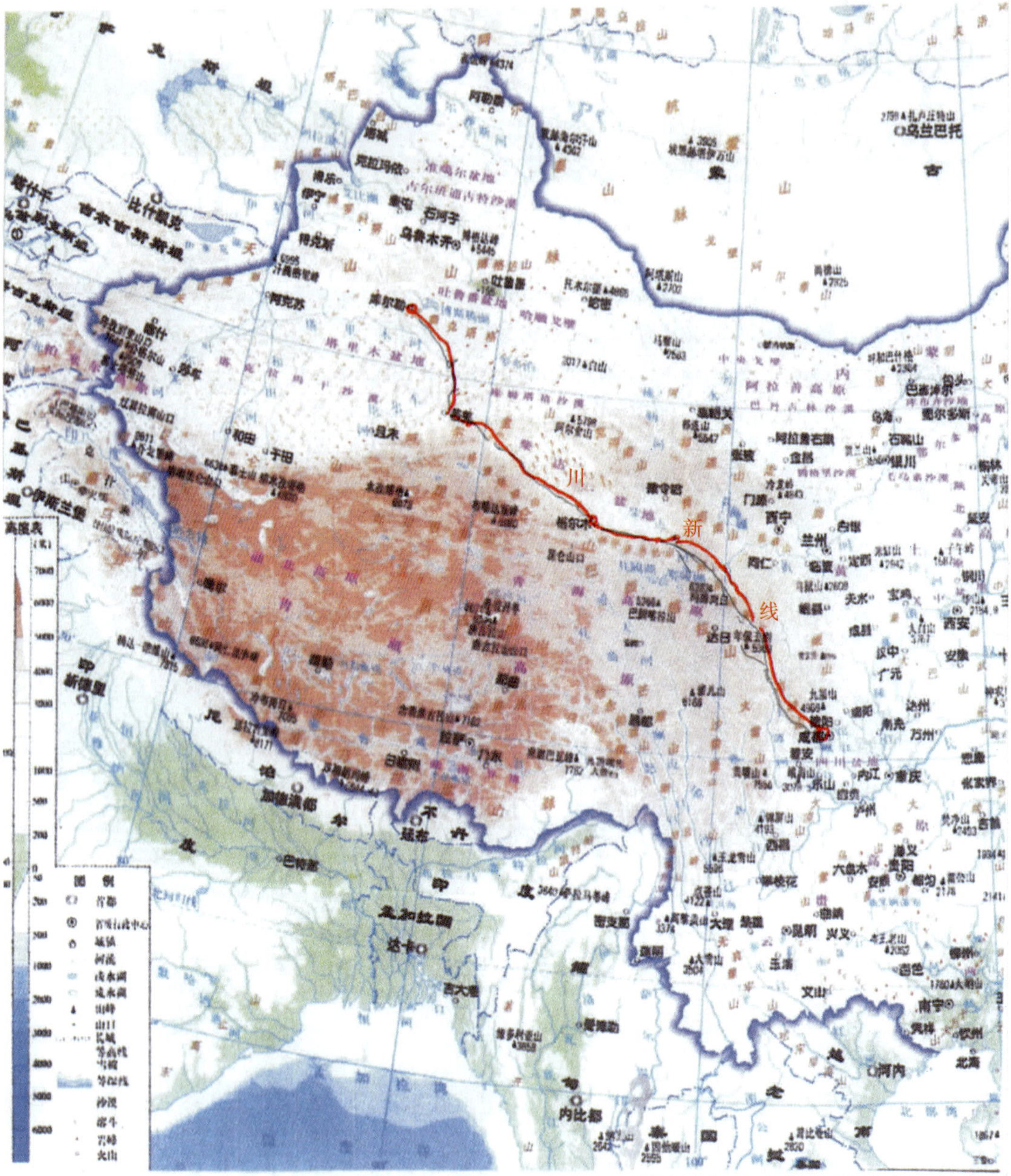

图9-41　川新铁路

的铁路修通。还有工业专用线哈密至罗布泊到若羌的铁路，这些线的大约长度如表9-1所示。

表9-1　新疆边铁一览表

木垒到北屯布尔津哈巴河	600km
奎屯到库车	350km
库车到和田	600km
喀什到若羌	1200km
哈密到若羌	600km
甘肃明水至哈密	250km
哈密至乌鲁木齐（北线）	550km

新疆交通当务之急就是修通策克到哈密，哈密沿经木垒、奇台到乌鲁木齐这段1100km铁路，有意识形成和提高京乌大铁路概念。再有就是修通格尔木到若羌，若羌到库尔勒这条格库铁路。在格尔木与青藏铁路接轨，向东进入内地，向南是西藏拉萨等地，成为新疆第三大通道。当成格铁路修通后，西南与西北就彻底畅通，将是我国交通里程碑式的进步和成就。

沿途特有风光见图9-42至图9-47。

● 内蒙古的边疆铁路。内蒙古边铁主要有滨包线、京乌线。内蒙古像一只大香蕉，横卧我国北方及东北的西部，占我国北方边境线约3/4。内蒙古也是近些年来发展最快的省区之一，内蒙古发展好也是吸引外蒙的条件之一。内蒙古靠近边疆处还没有一条靠近边境的铁路，为沟通内蒙古内部和边疆的交通，应当将满都拉到二连浩特的铁路修建，其距离只有230km，再经苏尼特左旗、阿巴嘎旗，到锡林浩特市，再向东经西乌珠穆沁旗、汗乌拉，到霍林郭勒市与通霍铁路接轨，再向北与白（白城）阿（阿尔山）线上的五叉沟处接轨，利用已有白阿线的五叉沟到阿尔山线，到阿尔山，再向北经红花尔吉到伊敏站利用原有铁路到呼伦贝尔市，再由呼伦贝尔市向北经额尔古纳市到根河，根河到满归已有铁路，到富克山只有50km，富克山到漠河已有铁路。由二连到阿尔山市约810km，阿尔山到呼伦贝尔市一段已有铁路。由呼伦贝尔市到根河为200km，满归到富克山新修要50km，长（230+810+50+200）1290km。再由内蒙古北部利用根河到满归原有的铁路向北延伸到黑龙江省的漠河，未通车只有50km。这样一来从包头、白云鄂博、二连、锡林浩特、霍林郭勒、阿尔山市、呼伦贝尔市、额尔古纳市 、根河，一直到漠河，全长2000多km，将东北与华北、西北连接起来，在包头与京乌大铁路接轨，整个

图9-42 成都平原风光

图9-43 阿坝地区羌文化村镇

图9–44　青海西部风光

图9–45　南疆孔省河流域绿洲

图9-46 南疆重镇——库尔勒

图9-47 新疆南部沙漠油田风光

北疆皮肤大动脉畅通，营养充给，必造成社会繁荣，疆土巩固，是祖国强大的肢体保证。此边疆大铁路，应叫漠包铁路。为保证首都北京对全国的铁路直通，北京正北还没有伸出的铁路，为此应从北京经河北丰宁，内蒙古的多伦、正蓝旗，到集通铁路上的桑根达来，总计长为不到200km（多伦以北已通车），这样，首都将通往东北的五条主干线，全部方便连通，有重要政治、军事、经济意义。这里还补充一下，在集通（通集线）的巴林左旗经扎鲁特旗到白城的直达线应予修通，也就300km，构成东北的纵向（实际是东北西南）第四大通道。

● 黑龙江边疆铁路。

△漠抚线：黑龙江边疆铁路由于东北基础设施较好，也只是拾遗补缺就可以了。对于漠抚线将塔河地区的韩家园的铁路延伸至呼玛，再到黑河，长度220km，将黑河与漠河就直接连通，再由黑河的孙吴与汤旺河连接，长度约200km，汤旺河与鹤北的宝泉岭连通长约120km，鹤北与富锦市直接连通，长约110km，富锦北的前进站向北延伸至抚远长约120km。

由抚远南下至饶河，再到东方红，长约250km，饶河与前进应修一个短接线长约120km，这样边疆铁路就完整了，漠抚线长度1250km。

这样就形成了黑龙江的漠（河）抚（远）大铁路，成为东北最北的横向通道。

△抚大线：由抚远至大连的边疆铁路，大约1600km，从抚远经饶河、虎林、鸡西、下城子、图们、延吉、和龙、白河、通化、宽甸、丹东、庄河到大连，形成东北纵向边铁大通道，将边陲贸易重镇全部联系起来，像一个血管给东北边陲带来新鲜营养，促进了边疆的发展。

黑龙江省的边铁有2900km，要加快交通建设，控制其他工业发展，保护祖国又香又美的大粮仓，东北铁路地图见图9–48。

表9–2是各地区待修铁路一览表。

● 打造京（北京）黑（河）大铁路。由于京通、大（大庆）通线（称备战线）已通，从全局出发，应将从大庆市经明水到北安的铁路修通，只有200多km。这样一来，北京到黑河就成了直通线，总长1320km，这条线在贯通东北纵向的五大铁路通道的中间，与其他通道相比，好像是鱼骨的中脊，可以网协其他干线，这个意义非常巨大，从军事、经济、战略上讲都具有重要意义，我们要努力提高认识，努力打造京黑大铁路的概念，认识到了，才能发挥其潜能。

东北地区在边铁改造完成后，可以实现5纵8横的铁路格局，而且只是在局部进行补充、完善即可，见图9–48。

至于华北、中原、中南、西北、西南东部的东西横向可以形成8条主干。

陇海至兰新线、沪武渝成线，直至川新线（成格格库）、沪杭株贵昆线。

由杭甬温福厦、汕广、南宁昆明线。还有正在形成的黄骅、石家庄、太原、绥德、靖边、安边、中卫、武威一线。

日照、济宁、新乡、晋城、侯马、韩城、黄陵、庆阳、平凉、固原、兰州一线。

也包括宁西线（南京到西安）。

图9–48　东北边疆大铁路示意图

表9–2 各地区待修路段一览表

黑龙江	
漠河（韩家园）至黑河	220km
黑河（孙吴）至汤旺河	200km
汤旺河至鹤北（宝泉岭）	120km
鹤北至富锦	110km
富锦（前进站）至抚远	120km
抚远饶河到东方红（抚大线）	230km
饶河与富锦（前进站）短接	120km
京黑大铁路完善	
大庆经明水到北安	200km
辽宁	
庄河至丹东	100km
宽甸至通化（去）	140km
吉林	
白河至和龙	60km
图们至绥芬河（黑）	130km
内蒙古	
满都拉至二连	200km
二连至阿尔山	800km
阿尔山至呼伦贝尔（已修好）	150km
呼伦贝尔至根河	200km
北京至桑根达来（多伦）	220km
通林左旗至白城（内干线）	320km
西藏	
拉萨至察隅	650km
和田（新）至拉萨	1750km
云南	
大理至察隅（藏）	500km
浙江	
台州至宁波	150km

还有就是南京到九江、益阳、常德、张家界、黔江、毕节、昭通、攀枝花、丽江一线。这要在一些断节的地方修建补充进来。

因东南沿海和南方经济发展很快，应修通福州至永安、长汀、赣州、郴州、桂林、河池、百色一线，以加强东西向联通，弥补沪昆与沿海线间的空白。

另规划路线，百色至砚山、开远、元江、普耳、临沧、保山、大理1100km，总计1480km。

东南沿海各省已基本连通，修补量很小。

第一期，应先将京乌大铁路完善，滇藏线修好，最好应修到察隅，西藏边铁（新藏线）先由和田修至扎达地区。将格库线修好，改善进出疆条件。

第二期，修成格线。还有内蒙古满归到白云鄂博满都拉的北国边铁——漠包线。再修滇藏全部边铁。应在2025年前大部分完成（这只是个人期望）。图9-49是国家2008年版的路网规划图，图9-50为边铁及重要支撑线图。红色线为原有铁路，黄色线为新建边铁线，绿线为重要内部支撑路线。

另外，由昆明向南，经老挝、柬埔寨、泰国、马来西亚到新加坡的国际中南半岛大铁路，使东盟主要国家都联系起来。

表9-3是边铁以及重要支撑铁路一览表。

9.7　枢纽中心划分及命名标准化

1. 枢纽中心划分

由于政治、军事、国防、经济、历史的关系，全国形成了很多铁路枢纽中心，从总局着眼，根据上述情况应按重要度、总体控制，进行一次新的规划，进行集散控制设计，有统一布局、指挥，又有分散管理，独立运作的能力。按照集散控制思想（DCS）进行划分、功能分配，形成有一个全国一盘棋、强力的中央节控功能，又风险分散，各自为战的打不烂的结构体系。除了在铁路线路结构保障外，全国应分成若干枢纽中心。

按其重要度、功能作用分为三级。

0级：首都北京为0级最高级。

1级：沈阳、上海、广州、武汉、成都、西安、郑州。

2级：哈尔滨、长春、株洲、兰州、哈密、乌兰浩特、怀化、阜阳、南京、徐州、柳州。

为保证遇有特殊情况或战争状态，在上述中心周围，可修成20~60km为半径的一环形铁路线，将辐射出的铁路线全部串接起来，排除市中心，可以在外围独立运作。

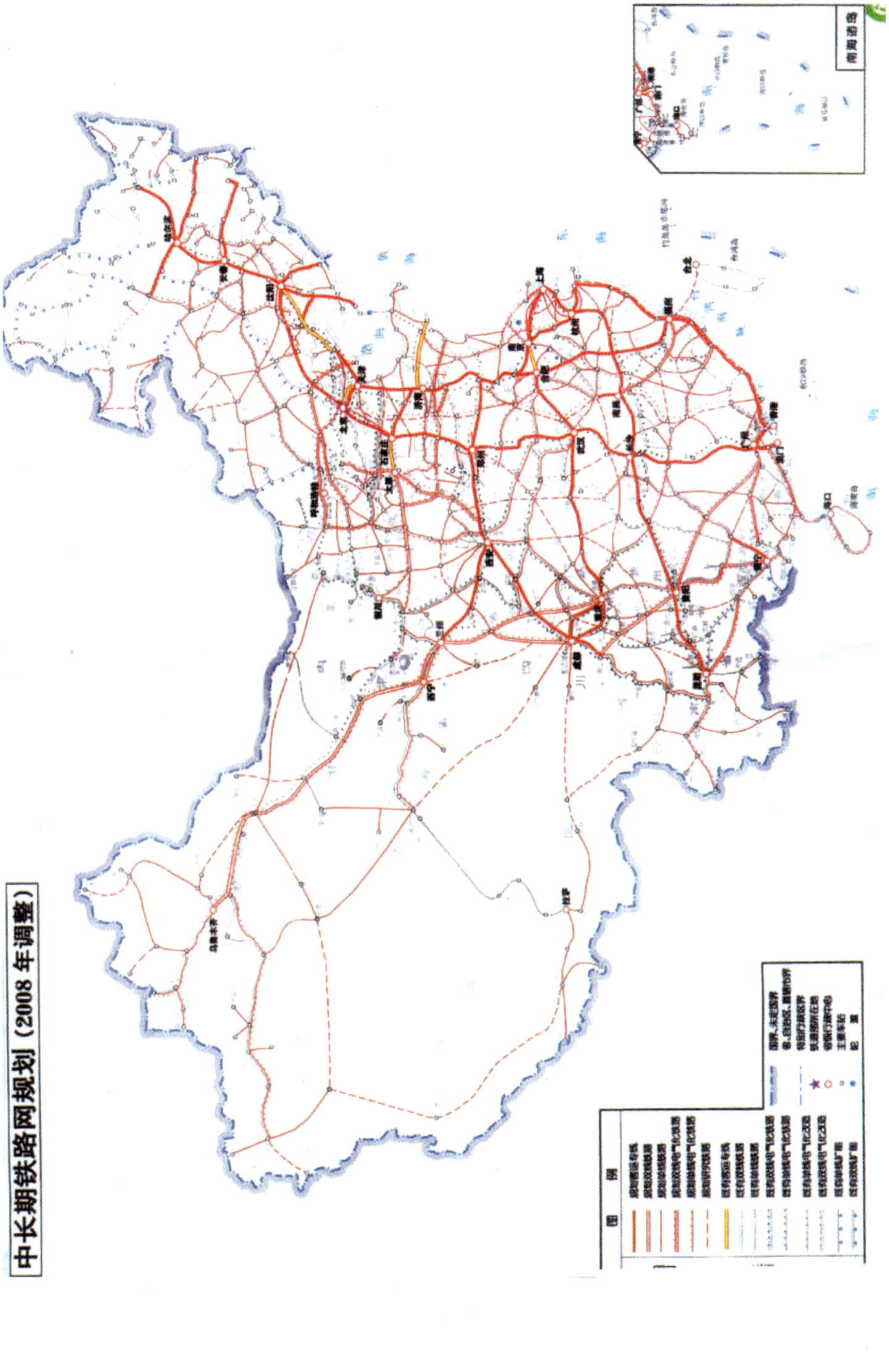

图9-49　我国中长期铁路规划图

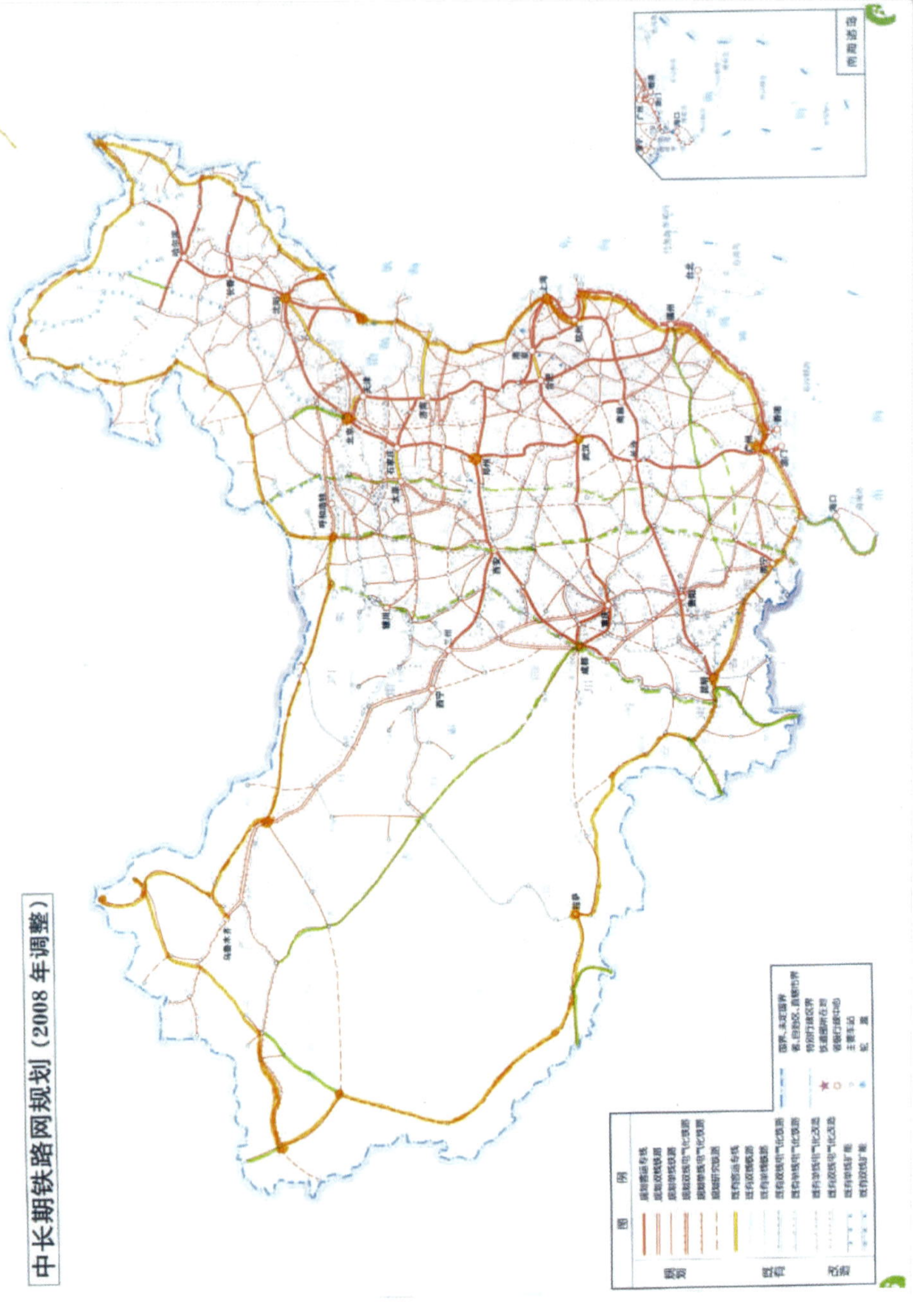

图9-50　边铁及重要线路示意图

表9–3 边铁及支撑铁路一览表

环疆大铁路	
东北辽宁	
新建	220km
已有	280km
总长	500km
吉林	
新建	190km
已有	210km
总长	400km
黑龙江	
新建	1120km
已有	1480km
总长	2600km
内蒙古	
新建	1400km（边铁）
已有	350km
总长	1750km
补足内连线	540km
新疆	
新建东疆线	（900+700）km
新建南疆南线	150km
已有	0km
总长	1750km
南北疆奎和线（新建）	1100km
南疆新建线	1800（1200+600）km
西藏	
新建新藏交界至拉萨	1500km
滇藏线：拉萨至德钦（滇）	800km
总长	2300km
云南	
滇藏线：德钦至大理（丽江已通）	380km
规划支线	380km

上述各中心枢纽为中心向外辐射，形成一个区域，可以在任何特殊情况下独立运作，形成独立运营，具有组态式生命力的区块。实现集散结构运作模式。

2. 命名方法

由于历史的原因铁路命名比较乱，从现在起要改变这种状况，应从全国大局出发，体现大格局大构架的思想，把原线段名称尽可能划到大格局的大线路上去，如南北纵向7条东西8条线，东北纵向5条线，横向也8条线。一般铁路名称以京沪穗为起点的线路，将京沪广作为首位字，就是这3个中心城市也按京沪穗的排列，如京广铁路、京哈、京乌、京黑、沪成、沪昆、广茂、广汕。

在其他线应从北到南排名，以北方起点为首位字，如二三大铁路（二连到三亚）、包防（包头至防城）、哈大线、漠包线、漠抚线、抚大线，横向应以东起点城市为首位字，如沪昆线、黄（骅）兰（州）线，但陇海已习惯了，只此特殊一例。兰新线还是符合这一规则，这是铁路的命名方法问题，也应上升到标准化的程度，以上只是个人见解，以供商榷。

对于线路起终点有不同路径，可以在起终点间加入中间经过的重要城市，以示区别。如漠包线可以叫作漠（霍）包线，霍为霍林郭勒市。抚大线可以叫作抚（图）大线，图为图们江市。

参考文献

[1] 訾冬梅，高秀静. 内蒙古自治区地图册. 北京：中国地图出版社，2001
[2] 西安地图出版社. 东北三省地图册. 西安：西安地图出版社，2011
[3] 哈尔滨地图出版社. 中国地图册. 哈尔滨：哈尔滨地图出版社，2008
[4] 中国地图出版社. 中国地图册. 北京：中国地图出版社，2011
[5] 中国铁道出版社，铁道部办公厅，等. 中国铁道地图集. 北京：中国铁道出版社，2011
[6] 中国地图出版社. 中国地图册. 北京：中国地图出版社，2011
[7] 陶沙. 世界地理常识地图. 济南：山东地图出版社，2012
[8] 地质出版社地图编辑室. 中国地图知识. 北京：地质出版社，2012
[9] 地质出版社地图编辑室. 世界地图知识. 北京：地质出版社，2012
[10] 中国地图出版社. 中华人民共和国地形图. 北京：中国地图出版社，2011
[11] 地质出版社. 中华人民共和国地图. 北京：地质出版社，2009
[12] 中国地图出版社. 广东省地图册. 北京：中国地图出版社，2006
[13] 周北燕. 海南省地图册. 北京：中国地图出版社，2006
[14] 白云，丁志诚. 隧道掘进机施工技术. 北京：中国建筑工业出版社，2008

第10章　南海人工珠链港岛工程

10.1　美丽富饶的南海——一块嵌满宝石的水晶板

说到南海，它有200万km^2的面积，是我国海疆面积的一半多。除了这一广阔的热带海洋海产外，还蕴藏着丰富的石油和天然气，初步勘察储有360多亿t石油，15万亿m^3天然气，顶上十几个大庆，人称第二个波斯湾，也是中国能源的未来，南海还是中国海洋渔业最大的热带渔场。

如此美丽、富饶的椭圆形珊瑚礁群、浅滩、澈水，可以说是中国的马尔代夫乐园，见图10–1。

图10–1　美丽的南海——一块嵌满宝石的水晶板

南海是通航要冲，大国全球利益的前沿阵地，所以美国隔山、隔水，不远万里来南海搅和，日本更是随主子之后，敌视中国的崛起，成为对华进行侦察的前沿。

人们不免要问，中国南海为什么这么美，这么圣洁？这是由海水透明度和水色来决定的，这两个基本要素的生成，直接影响着我们眼中的海是什么样子。透明度表示的是海水的能见程度，数值越大，透明度越高。水色指的是海水的颜色，色级标准是蓝色、黄色、褐色3种溶液按一定比例配制21种颜色，由高到低按深蓝色到褐色排序，数值越小，水色越高。就直观的美感而言，这两者的数值决定了我们看到的海水是否清澈，是否蔚蓝。见图10-2、图10-3是我国南海8月份多年平均透明度和水色分布图，从图中我们很容易看出：无论水色还是透明度，无论近岸还是外海，南海均高于渤海、黄海、东海3个海区，最大值也均出现在南海。南沙群岛附近的透明度达30m以上，西沙、中沙一带海水的透明度也可达到20m以上，但渤、黄、东海3个海域的近海海水透明度都在10m以下，至于说到水色，西沙、中沙和南沙群岛的大部分海域水色能够达到深蓝色到蓝色，水色号在4以下。而南海透明度和水色最高的季节却不是夏季而是春季，即使用渤海、黄海、东海3个海区海水最美、最清澈的季节与南海不是最佳的季节比，也都比不过。可见，中国明净而湛蓝的海在南海，南海是中国最美的海。而且我国有了南海，使我国真正跨进了热带，成为具有热带、温带、寒带三带具备的国家。

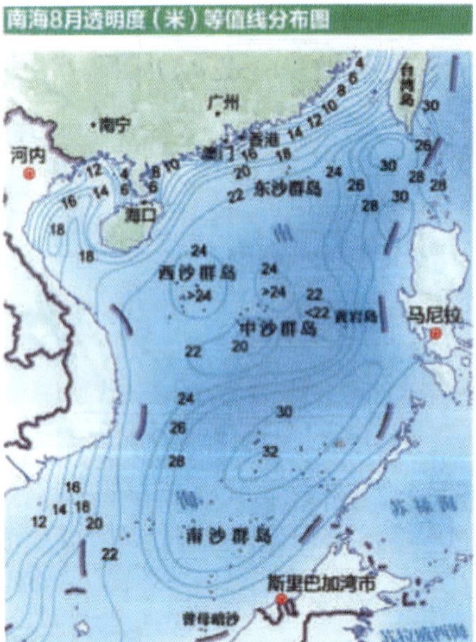

图10-2

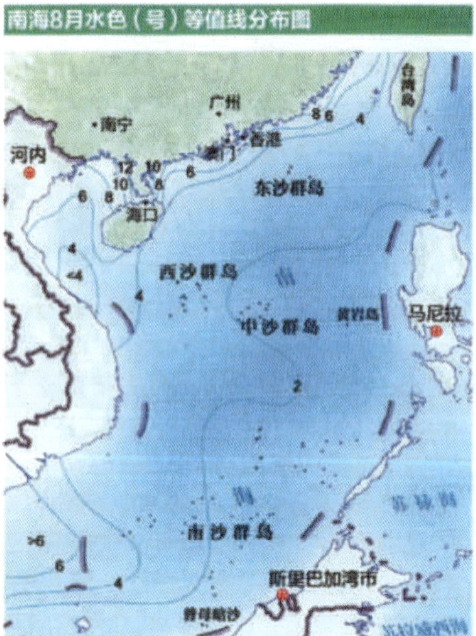

图10-3

因此，海南的海口甚至琼海，都算不上真正的热带。琼海到了12月、1月的时候毛衣外套也会用得上。琼海虽然处在边缘热带的范围，但我国比较被认可的特点是中热带和赤道热带才算得上真正的热带。我国最南端的曾母暗沙，这片区域才是我国的赤道热带。

中国真正的热带陆地面积很小，大部分在“四沙”中的“三沙”——西沙、中沙、南沙群岛，赤道热带仅有南沙群岛海域，陆地面积仅有2km²。但正因为有了南海诸岛中的西沙、中沙、南沙群岛及其所属的海域，中国才成为一个从热带到寒带都有的自然带最为完整的国家。

从这个意义上说，保卫南海诸岛，就是保卫中国自然带的完整性。

到过南海就会自然地呼出：天堂也不过如此。

南海及其岛屿，是中国的马尔代夫。其实马尔代夫的独特之处就在于，它是由一个个环礁组成的珊瑚礁岛国。我们的东沙、西沙、中沙、南沙群岛，就是中国的“马尔代夫”。

因为它们都是地处热带，以环礁为主的珊瑚群岛。海水之美、珊瑚礁生态系统之美、海洋生物之美、气候之美等，中国“四沙”的这些要素完全可以和马尔代夫相比。南海环礁见图10-4。

图10-4　南海环礁

中国海洋透明度最高、水色最美的是南海水，说南海是中国最美丽的海，从图10-4上可见一斑。这张图拍自南沙群岛的环礁。虽然才露出一角就已很惊艳。图10-5就是透过飞机的舷窗，摄影师拍下了南沙群岛中的一个环礁——弹丸礁。图中出现的仅是弹丸礁的一角，但已充分展现了弹丸礁的魅力，这是一种环礁之美。它使环礁的色彩、结构，得以淋漓尽致地呈现。外缘一圈白色是浪花带，中间翡翠般的湖泊是潟湖，衔接在二者之间的是礁环的礁体。它们清晰地呈现了海水的颜色是如何随着深度的变换而改变的。遗憾的是，这个美丽的环礁已经被外国非法侵占了很多年，如今，他们已把这

图10-5 弹丸礁

里开发成了世界上著名的潜水胜地。

西沙、中沙和南沙群岛屿所在海域的海水透明度高达30m以上，一些地方甚至达到40m以上。中沙群岛淹没在水下20~30m，但是由于海水透明度高，可以看到水下礁坪的珊瑚五彩斑斓，鱼群在其中穿梭巡游，见图10-6。

海水的高透明度，带来的另一个效果就是水色之美，这也是海水是否美的重要因素。从水色看，南海是中国最蓝的海，也是中国最美的海。只有到了南海，才真正认识了大海。

南海诸岛所在的海域，其水色之美无可比拟。单是蓝色就变换无穷：宝石蓝、天蓝、浅蓝、深蓝，因为随着海水深浅的变换，阳光入射角度的变换，海水的颜色也会跟着变换。而且海水有时还是绿色：苹果绿、葱绿、祖母绿，有时是黄色：鹅黄、橘黄、沙黄、芒果黄……见惯了中国近海的海水，如果能见到南海的海水，一定会被折服。

如果去了中国的西沙、南沙诸岛，一定也会发出“原来天堂就在中国”的感叹。

图10-6　南海——弹丸礁水下的神奇美丽

南海有巨大的经济价值（它蕴藏有几倍于大庆的石油，还有无数具有经济价值的鱼类等海洋生物），也有交通、旅游价值，但是仅从这些角度去看南海，未免短视。南海诸岛还有更大的意义：它使中国人学会认识海洋、欣赏海洋，并从海洋中汲取智慧、激发灵感。

因此，南海诸岛对中国人很重要的意义之一是审美。失去南海诸岛，如同祖国的美丽容颜遭受毁容。保卫它们，就是保卫祖国的美丽。

10.2　南海历来就是中国的固有领海

我国南海，是一片辽阔的海疆，总面积达200万km²，拥有东沙、西沙、中沙、南沙四大岛群，见图10–7。

这一区域正像有的专家所讲，中国全图是柄火炬，南海是中国形象火炬的柄，就是由著名的九断线标界出来的，而且早已被国际上公认。

南沙群岛是中国的，这个事实的形成经历了这样一个过程：首先是我们的祖先最先发现了南沙群岛。这样的记载在典籍中处处可见，三国时康泰在《扶南传》中说："涨海中，到珊瑚洲，洲底有磐石，珊瑚生其上也。"这是第一次提出"珊瑚洲"这个概念，无疑"珊瑚洲"即今天的西沙、南沙一带的珊瑚岛礁等；宋代的《宋会要辑稿》记："傍东南有石塘，名曰万里，其洋或深或浅，水急滩多。"这里第一次提出"石塘"这个概念。这是对西沙、南沙一带的环礁的命名。西沙、南沙的珊瑚岛礁就地貌类型而言，绝大多数都是环礁。所谓环礁是由一圈珊瑚礁围成的一个环状的区域，中间是一个潟湖，与水塘很相像，因此称之为"石塘"可以说是十分贴切的。非亲眼所见，绝难提出如此准确的命名。

毫无疑问，南沙群岛是我们祖先最先发现的，但是发现并不能说明它们归我们所有，还必须有开发、利用、占据等活动。

真正使西沙、南沙群岛归属于中国，使中国获得了所有权的根据是什么呢？是中国海南的渔民，尤其是潭门镇渔民在那些珊瑚礁所构成的岛屿、暗沙、沙洲及潟湖中的劳作，使南沙属于中国有了逻辑的根据。潭门镇渔民独特的渔业作业方式，维系了他们在南沙的生活和生存，使他们在南沙的存在能够持久。

在近代西方人的书刊中，能找到许多海南渔民在南沙群岛上打鱼和生活的记载。英国海军所编的《中国海指南》的几个版本都有这样的描绘：安波岛上发现陋屋之遗迹，海南渔民，以捕取海参、贝壳为活，各岛都有其足迹，

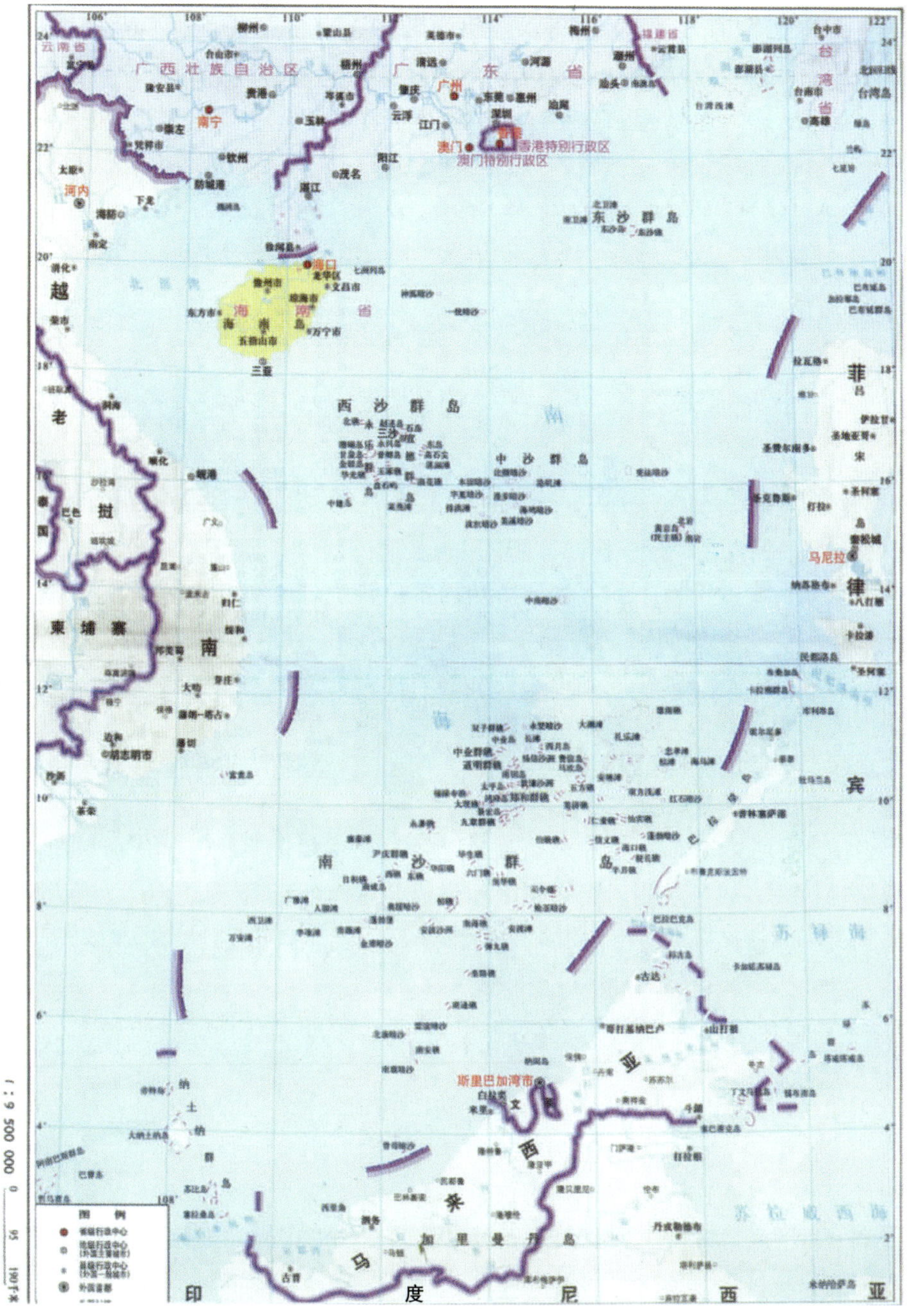
云南省
广西壮族自治区
广东省
福建省
台湾省
南宁
广州
香港特别行政区
澳门特别行政区
澳门
河内
海口
海南省
海南岛
三亚
东沙群岛
西沙群岛
三沙市
中沙群岛
南沙群岛
越
老
挝
泰国
柬埔寨
南
菲
律
宾
马尼拉
斯里巴加湾市
文莱
马
来
西
亚
加里曼丹岛
印
度
尼
西
亚
纳土纳群岛
苏禄海
苏拉威西海
南海
1:9 500 000
图例

图10–7　南海诸岛

亦有久居岩礁间者。海南每岁有小船驶往岛上，携米粮及其他必需品……船于每年12月或1月东北风起离海南，第二年6月西南风起时返。

1930—1933年法国人入侵南沙九小岛时，也承认各岛上只有华人居住，别无他国人。一家法国杂志记述：法国炮舰“马里休士”号测量南沙的南威岛时，亦见各岛上全是中国人。当时南子礁有7人，中业岛上有4人，南威岛上有4人，南钥岛上有中国人留下的茅屋、水井、神庙等。

类似的报道还有许多。总之，南沙群岛上过去只有中国海南的渔民，没有别国的。

为什么只有海南渔民远涉重洋不惧惊涛骇浪地去独闯南沙呢？是什么力量支撑他们的所为？他们这样做能持久吗？

远隔千里航行的导航需要，乘着季风往来的不确定性，都迫使他们制定详细的路线图，因此在渔民间一个在南沙捕捞作业的路线图产生了，那就是《更路簿》。这本海南渔民去南沙捕捞作业的“圣经”有十几个版本。一本《更路簿》对南沙属于中国的证明作用，胜过千万本典籍和文件。

至此在南沙群岛生存下去的一切因素：传统、航海技术、造船技术、产品市场这些因素都为海南潭门镇的渔民准备好了。他们不去南沙谁去？

长此以往，传统就形成了。传统的力量是强大的，它代代相传，绵绵不断。在这个过程中，他们给南沙的一个个岛屿、暗沙、沙洲都一一命名。有按地貌形态起的：眼镜铲（南沙司令礁）、铁链、裤裆、鱼鳞、牛轭……有按海产命名的：墨瓜、赤瓜，瓜是海参的意思。

不要小看这些命名，命名是最先接触打交道的证明，万事从命名始。据说法国殖民者占领越南时，想把南沙说成是越南的，后来失望了，因为他们发现越南的渔民根本就不知道那些小岛的名字。

纵观历史都留下了有据可考的遗据。

从汉唐时起，中国帆船就曾经到达南沙群岛，并在那时搭建住所，捞蚌打鱼。

1279年元代科学家郭守敬奉旨进行“四海测验”，南海测量点就在黄岩岛。时至近代，中国政府于1946年派林遵、姚汝钰率舰队收回了二战中被日军侵占的南沙群岛，并驻军立碑。绘制南海诸岛位置图确定南海九段线。在当时编制的南海地图上，我们已经可以看到断续的国界线被标注在南海周围。1947年12月，当时的内政部审定通过并公布了南海诸岛172个岛礁的名称，其中4处大岛以当时收复南海的4艘军舰命名，它们分别为：太平岛、永兴岛、中业岛和中建岛。同年，内政部方域司印发了《南海诸岛位置图》，U形的海上断续国界线将南海诸岛圈围在我国海域之内，这也是我国海上疆界确定的重要历史依据。在这张图上，断续国界线分为11段，后来北部湾一带的两段断续国界不再标出，U形的九段线成为南海断续国界的绘制标准。

1948年，亚光舆地学社出版的中国地图则将南海国界标为连续国界线，这也代表着当时民间的一种立场。早在1914年的部分中国地图中，南海四周就曾标注过完整、连续的国界线。很多爱国人士认为，我国在二战后收复全部失地，而整个南海自古就是中国领土，且不存在任何纷争，自然应当画连续的国界线。

已出版的地图更能说明问题，千年文字会说话。

最完整最权威的是1946年内政部方域司编制的“中华民国”南海图，见图10-8，图10-9和图10-10。

10.3　南海的现状

目前南海的现状如图10-11所示。

10.4　南海珠链人工港岛工程——建造钢筋水泥舰船浮动基地

南海是我国美丽富饶的海疆，岛屿、环礁、灰沙岛、浅滩、暗沙，是祖先留给我们的宝贵遗产家当。不仅有洁净清澈，晶琅美丽的海洋，还有海洋地貌上所有的地貌标型，像美丽的环礁、灰沙岛、浅滩、暗沙、水下珊瑚林。南海可谓美丽富饶广阔，而陆地地基总共才有几平方千米。为使祖国宝疆永系中华，千秋万代享用，必须增加陆基，建造南海珠链人工岛港工程。这也是我中华民族历史性的伟大工程，花再多的钱投入都是值得的，要建造南海的“万里长城”，上百上千个“敌楼烽火台”。只有这样，才能使我中华这火炬之柄，嵌入钢筋铁骨，成为驱散小鬼妖魔之炬、烧断四节蠕虫之炬，让其火炬光芒照亮亚洲，照亮全世界。

1. 打造南海基地链工程

中国要想南海海疆永固，彻底控制南海，必须建立南海的后方保证基地。除了海南省的三亚、海口基地，还应有广东、广西沿海城市（包括军事基地）的支撑，三亚军事基地已竣工，广东湛江已建成，加入提升支撑南海的功能即可，还应在广西北海建设支持三亚及南海的军港，形成三角鼎立的三大基地，各有所重。

现在成立了三沙市及警备区是非常必要的，已从法理、行政、军事全方向到位。三沙不仅是海南省的三沙，是全中国的三沙，近三沙市者应多尽义

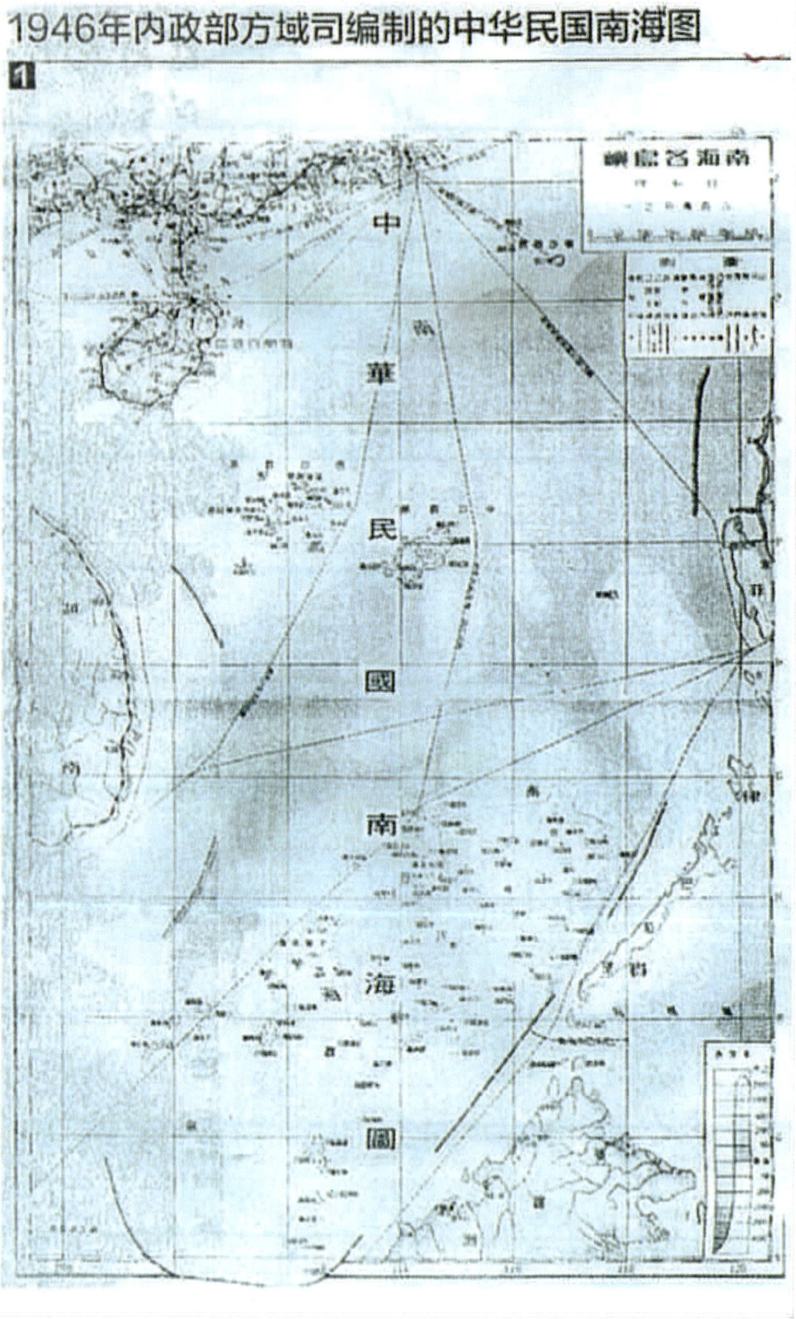

图10-8

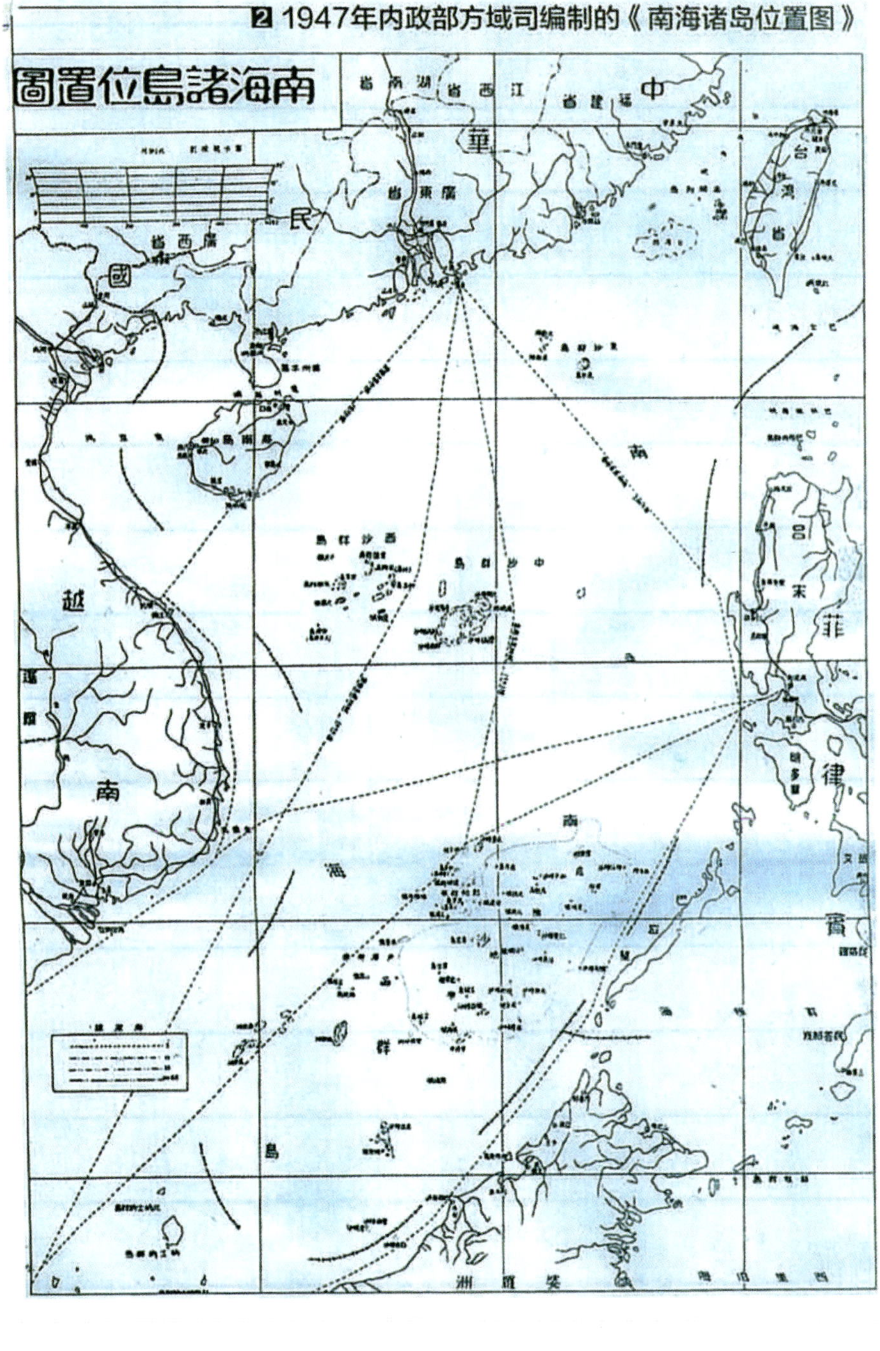
❷ 1947年内政部方域司编制的《南海诸岛位置图》
南海諸島位置圖
中
華
民
國
省東廣
省西廣
省建福
台
灣
省
越
南
南
海
諸
島
呂
宋
菲
律
賓

图10–9

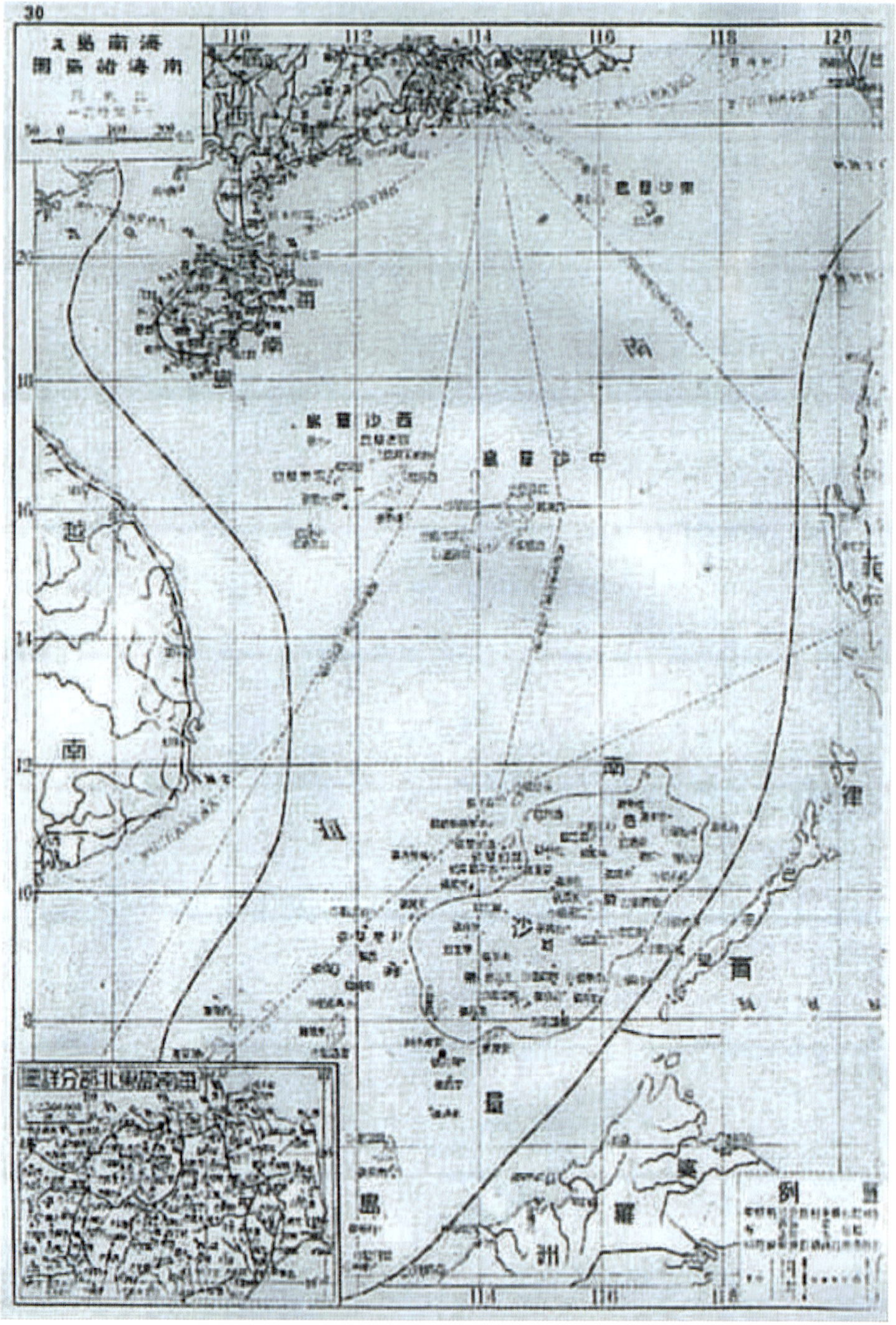

图10–10

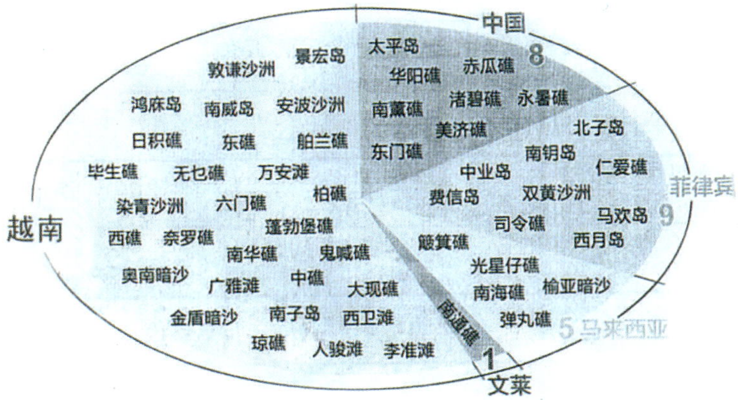
中国
8
太平岛
华阳礁
赤瓜礁
南薰礁
渚碧礁
永暑礁
美济礁
东门礁
菲律宾
9
北子岛
南钥岛
仁爱礁
中业岛
费信岛
双黄沙洲
马欢岛
司令礁
西月岛
光星仔礁
南海礁
榆亚暗沙
弹丸礁
5 马来西亚
簸箕礁
南通礁
1
文莱
越南
敦谦沙洲
景宏岛
鸿庥岛
南威岛
安波沙洲
日积礁
东礁
舶兰礁
毕生礁
无乜礁
万安滩
染青沙洲
六门礁
柏礁
西礁
奈罗礁
蓬勃堡礁
南华礁
鬼喊礁
奥南暗沙
广雅滩
中礁
大现礁
金盾暗沙
南子岛
西卫滩
琼礁
人骏滩
李准滩

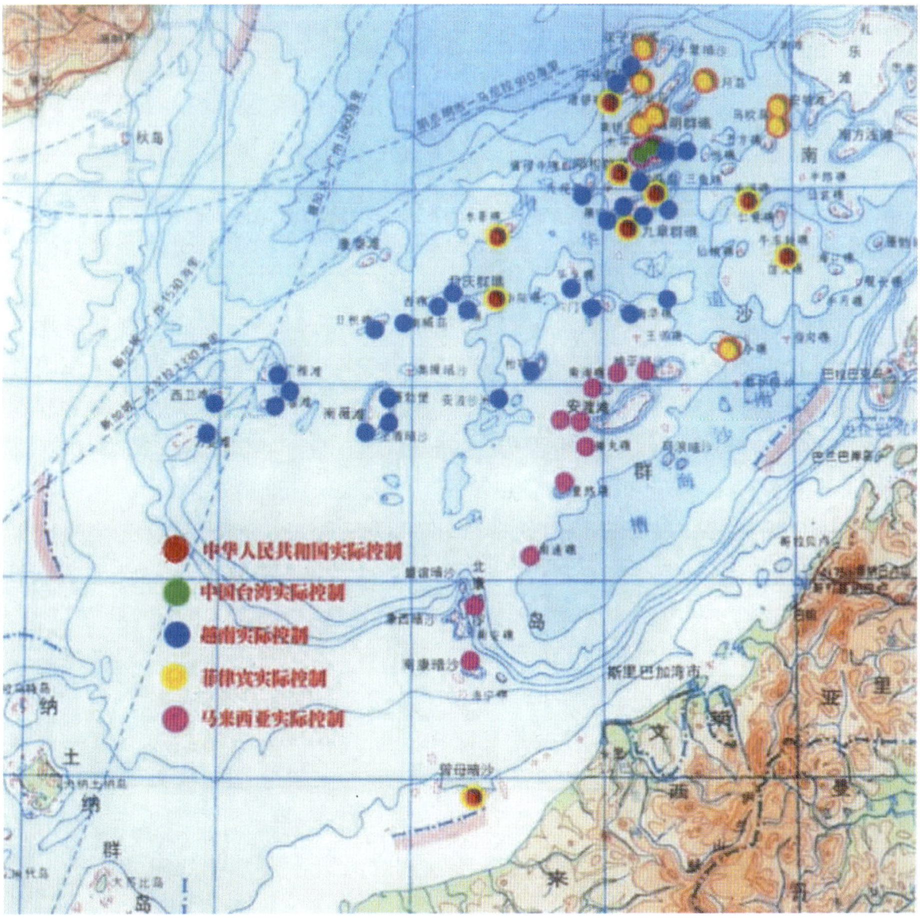
中华人民共和国实际控制
中国台湾实际控制
越南实际控制
菲律宾实际控制
马来西亚实际控制
斯里巴加湾市
曾母暗沙

图10-11

务，这是大局。

三沙市所在地西沙群岛永兴岛建成前线军事基地、行政基地，由三亚直接支持，其直线距离约320km，建立定期航班（航空、航船）。由湛江、广州和北海作三沙市及中沙、南沙的后备支持。

在南沙和中沙的核心海域，已在我手中控制的永暑礁、渚碧礁、美济礁，应建有码头和直升机停机坪，中国海军舰艇每2个月巡航一次曾母暗沙。

中沙群岛是南海的心脏，是承北启南、西防东出的中心，中沙大环礁漫步暗沙建设一个军港基地，货运码头，成为南北及向东的中心转运站、接力基地。黄岩岛同样在环礁潟湖内侧建立一个军事基地、港口码头、机场，还可用水泥舰船拼接（下面将介绍水泥舰船）。

美济礁是一个椭圆形的珊瑚环礁，礁体面积46.4km^2，四周礁石在退潮时露出水面1.8m，距离珊瑚礁1km处的海水深达1000m，利于停靠潜水艇。把美济礁改造为美济岛，修建机场和军港，部署战机、水面舰艇和潜水艇有重大战略意义。

永暑岛位于南海中央航线，包括东北亚、东亚、北太平洋乃至国际大港香港和新加坡的要冲，也是通过马六甲海峡去印度洋的要冲，永暑岛又是与南华水道的交汇处。将永暑岛改造成永暑岛陆盘岛，修建机场和军港，就成了南海的“定海神针”。

曾母暗沙是水下珊瑚礁，非常适合修建人工岛。曾母暗沙南方几海里处有一个面积0.31km^2，最浅点为23.5m的八仙暗沙，西南14海里处是立地暗沙(实际是中国领土最南端)。以曾母暗沙（N3°58′，E112°17′）为基础，修建一个长约2500m，宽约1000m，面积为2.5km^{2}的人工岛——“曾母岛”。同时，还可在八仙暗沙和立地暗沙的基础上，修建“八仙岛”和“立地岛”，也可在修建时采用水泥船舰，抛锚定位更快些（在下面将详细作介绍）。这三个人工岛(或水泥舰船组合）形成犄角之势，构成中国最南端军事基地——曾母岛军事基地。部署战机、水面舰艇和潜艇。

渚碧礁涨潮时大部分淹没在水下，仅在退潮时才露出水面。把渚碧礁改造成为“渚碧岛”，对太平岛基地是一护卫，并把它建成中转基地，与“美济岛”“永暑岛”“曾母岛”形成菱形结构，互为支援，由中沙转运站、海南岛、广东后备基地运往美济岛、永暑岛、曾母岛军事基地的后勤物资都可以通过渚碧基地中转。

渚碧岛应建成综合基地，与美济岛、永暑岛军事基地构成三角形的南沙核心海域军事基地。

同时渚碧岛基地，又与永兴岛、中沙中转站，与三亚、湛江、北海构成三角形基地。湛江、北海与三亚也构成三角形基地。应用水泥舰船可以快速扩大岛礁陆地。从而由后勤陆基基地（三亚军事、北海、湛江），与永兴岛、中沙转运站、黄岩岛、渚碧岛、永暑岛、太平岛、美济岛、曾母岛军事基地组成南海基地链，打造了这把中华火炬之柄的钢筋铁骨，这是一项功在当代、利在千秋的“南海长城工程”。

（注：本节资料部分内容来自高欢先生的资料，2011年《中国打造南海基地链，战略价值超过三峡工程》）

为适应南海国防、渔业、旅游休假、经济发展的要求，对南海岛链如永兴、黄岩、中沙、渚碧岛、南沙（主要是南康暗沙）除军事功能外，还应使其具有渔业、旅游、休假、凭钓的功能，形成经济的支柱，建成的珠链人工港岛工程，如图10–12。北海、湛江、广州、三亚作为南海陆上基地，符号为小长方块▭，北海、湛江支援三亚基地，并延伸到南海岛链各点，建立3个海上中转中心，符号为◺，由三沙市、中沙、渚碧礁3个中心组成。建立永兴、黄岩岛、永暑礁、美济礁（潜艇）、曾母暗沙军事基地，符号◺。建立中沙黄岩岛、渚碧礁、曾母暗沙的南康海上俱乐部、海洋度假、休闲、凭钓中心，符号○。形成陆上三大支援交通线，互相支援线，形成一个区块可以独立运作，整体又互相支援的集散控制型的有机体系。当然还必须注意到的是：环境保护，产生垃圾全部运回大陆基地。

南海珠链人工岛港构成了中华火炬的钢筋铁骨。

2. 建造可移动的陆地工程——水泥舰船

由于南洋岛陆地面积很小，必须建设军海港，为了久存永续，必须增加陆地面积，问题关键在于如何扩大。建造人工陆基，应该讲有三种形式。一种是将岛礁扩建筑成陆地。一种是人造可移动陆地——大造钢筋水泥舰船平台。还有一种是在环礁地下、开挖地下环形隧道。由于南海辽阔，海途遥远，岛礁无生产制造依托，第一种和第三种陆基建造，困难较大，也易污染海洋。因此第二种形式更为实用，多快好省。因此，可以在沿海一些工业基地，大造水泥舰船、平台，建造设施完善的水泥舰船。甚至连船上、舰上、平台上的房屋，装修都在基地进行，最后由拖船将其拖到南海诸点，可以放在环礁、潟湖内，采取锚定或搁浅等方法固定。使其成为永久性的人造陆地，不沉的航母、军舰、哨所、渔民之家、旅游休闲宾馆。这样造价低、速度快，对南海生态、地貌无破坏，是一多快好省的办法。

图10–12 南海岛链工程

钢筋水泥舰船可以作成三种形式。

第一种大型水泥航母平台，其上甲板可造成350m长，60m宽，可以作飞机起降跑道。在跑道一侧，建立脚式圆形屋，应建成一排，相互隔离，以减少风力影响。在这水泥航母的跑道下方建有飞机库，跑道下方的舰弦处，隔成有圆窗的房间，平战结合使用。在基地就把这些都装修，安装好，并配备火力点，在高脚屋下安装海岸炮、防空导弹、自卫导弹，如图10–13所示。

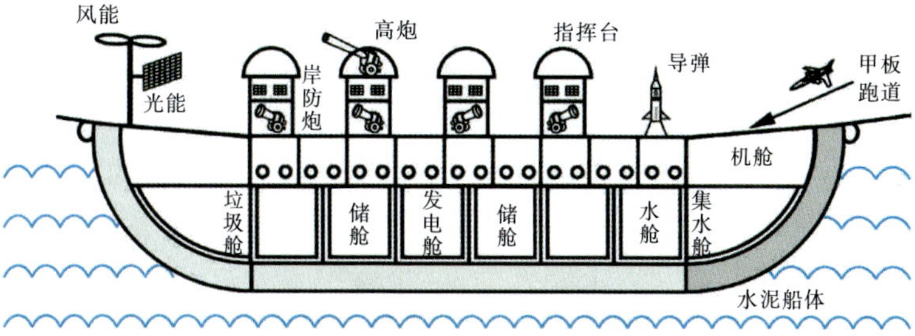

图10–13　钢筋水泥舰示意图

第二种水泥船就是按普通船建造，应加入自己火力点，如图10–14所示。

图10–14　普通水泥船示意图

这种船放置在一些岛礁上，作为一个防护配套用的民防兼用船，也可作水泥航母平台周围的护卫舰船，可作成50~100m长，宽30m左右的水泥船，可降直升机，在基地一次装好，也是用船拖到南海，作为军用、民用、渔民休息、广大群众度假休闲之用。

第三种是高脚屋，一艘作为防务配套的支撑点、哨站或供渔民暂住，可以作为防务火力点，对岛礁、水泥航母、水泥船，在其他外围作为保护哨所，也可以作为钻井平台的保护哨所、弹药库用和逃生设施。直径有20m左右，高脚高度超过潮差就可以了，此屋运到现场，可以用石料填入，使其沉抵海底。使重心在水面以下，如不倒翁一样，亭立海中。也可锚定或做成浮标形式，根据现场进行充填，圆形为减小风力影响，如图10–15。

对于水泥航母平台，水泥船的固定可以采用搁浅，打水泥桩固定，也可以锚定，还可以采用悬浮、悬挂系统固定。做一个固定水泥桩，上带一个万向轴承，用4~6只弹簧与航母水泥船的固定伸臂连接。

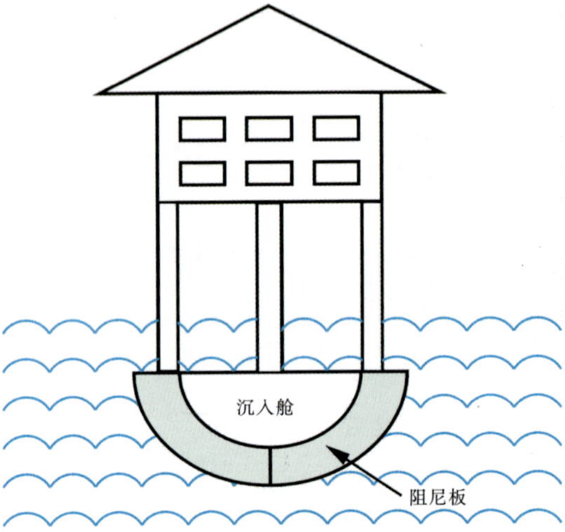

图10–15 高脚船屋示意图

做成这样的水泥舰船优点多、投资少、时间短、可批量生产、装修方便。

当然在这些舰船上，还应装上柴油发电机或风力发电机、太阳能光伏发电器，还有通信系统。由于是在基地生产建造、组装、装修和调试，所以方便施工，做好后用拖船拖过去就行了，这是一个不要动力的固定航母，甚至可以作为步行或缓行水泥航母调动使用。应该是多快好省，而且两个水泥航母对接有700m长跑道，一般小型商业机也可以起降。这样一来一块移动的国土就诞生了，无疑对保卫海疆会起重要作用，我国20世纪五六十年代就已建造水泥船了，其技术都可以借鉴。

3. 造地、扩土、挖环礁海底隧道，打造南海岛链节点

隧道工程将环礁的地下开挖成环形地下隧道，应开成双洞隧道，分段短接连通，地面上留3~4个通口，上面建成凸起的圆屋，作为防护用，地下建成地下街市。

当然这有一定难度，并会产生高额费用，只是在关键点上设置就可以了，但这是永久性的工事。

10.5 建立南海的相应政策

1. 建立定期邮旅船班

在南海南沙市应有一个特殊交通政策，定期定时发船至各站节点，也可作巡航内容（岛礁、舰港），对渔民应有特殊优惠，做到渔军合防，去南海只收一半费用。其交通费用应由海南、国家和国防开支分摊。

2. 加速开发南海石油、天然气

南海石油资源超过十几个大庆，储量360亿t多，天然气15万亿m^3，可供全国几十年的供量，而且我国已研制成功深海钻井平台，大片地区采用国际招标开发，从被动转入主动，见图10–16。

图10–16 我国南海深海钻井平台

3. 发展旅游，建设海上天堂

南海地处热带、亚热带，海蓝水彻，洁净静谧，是一个休闲度假、钓鱼、潜水的好地方。

南沙海疆的巩固，必须注入人文、经济、市场活力，经常有人去南海，形成休闲、旅游、潜水的市场，注入经济活力，长久形成独具特色的南海旅游文化，使南海成为海上天堂。

具体来讲，要打造黄岩岛、南沙、曾母暗沙、南康暗沙、中业岛、礼乐滩、南威岛度假休闲基地，使其各具特色。

下面介绍几位专家提出的几个实例，以飨国人。

（1）黄岩岛的未来，如图10–17。

（2）南海珊瑚环礁潜水度假中心想象图，如图10–18。

（3）南沙、南康暗沙、珊瑚礁海洋生物公园，如图10–19。

（4）海军体会俱乐部，如图10–20。

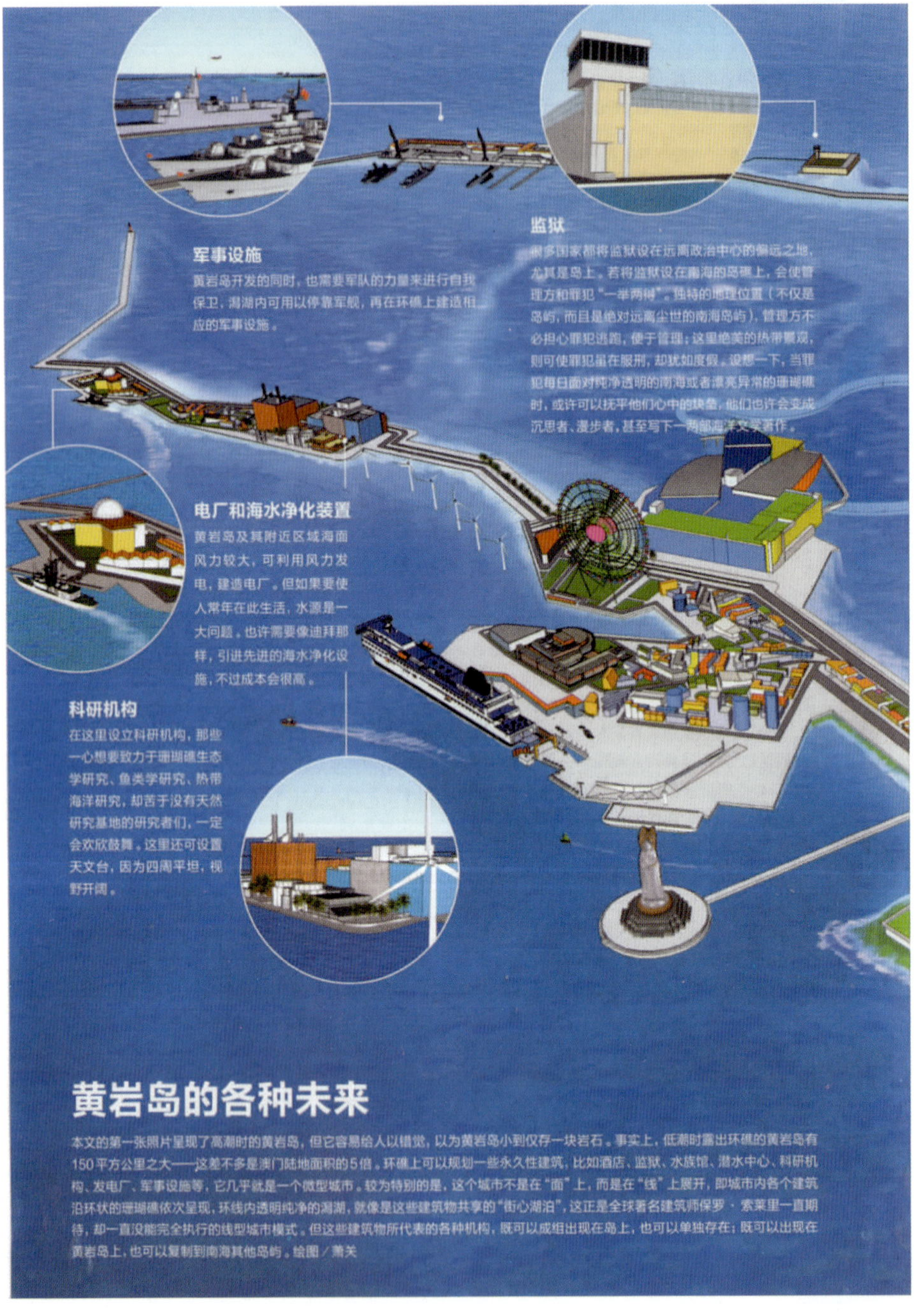
监狱
很多国家都将监狱设在远离政治中心的偏远之地，尤其是岛上。若将监狱设在南海的岛礁上，会使管理方和罪犯"一举两得"。独特的地理位置（不仅是岛屿，而且是绝对远离尘世的南海岛屿），管理方不必担心罪犯逃跑，便于管理；这里绝美的热带景观，则可使罪犯虽在服刑，却犹如度假。设想一下，当罪犯每日面对纯净透明的南海或者漂亮异常的珊瑚礁时，或许可以抚平他们心中的块垒，他们也许会变成沉思者、漫步者，甚至写下一两部海洋文学著作。
军事设施
黄岩岛开发的同时，也需要军队的力量来进行自我保卫，潟湖内可用以停靠军舰，再在环礁上建造相应的军事设施。
电厂和海水净化装置
黄岩岛及其附近区域海面风力较大，可利用风力发电，建造电厂。但如果要使人常年在此生活，水源是一大问题。也许需要像迪拜那样，引进先进的海水净化设施，不过成本会很高。
科研机构
在这里设立科研机构，那些一心想要致力于珊瑚礁生态学研究、鱼类学研究、热带海洋研究，却苦于没有天然研究基地的研究者们，一定会欢欣鼓舞。这里还可设置天文台，因为四周平坦，视野开阔。
黄岩岛的各种未来
本文的第一张照片呈现了高潮时的黄岩岛，但它容易给人以错觉，以为黄岩岛小到仅存一块岩石。事实上，低潮时露出环礁的黄岩岛有150平方公里之大——这差不多是澳门陆地面积的5倍。环礁上可以规划一些永久性建筑，比如酒店、监狱、水族馆、潜水中心、科研机构、发电厂、军事设施等，它几乎就是一个微型城市。较为特别的是，这个城市不是在"面"上，而是在"线"上展开，即城市内各个建筑沿环状的珊瑚礁依次呈现，环线内透明纯净的潟湖，就像是这些建筑物共享的"街心湖泊"，这正是全球著名建筑师保罗·索莱里一直期待，却一直没能完全执行的线型城市模式。但这些建筑物所代表的各种机构，既可以成组出现在岛上，也可以单独存在；既可以出现在黄岩岛上，也可以复制到南海其他岛屿。绘图／萧关

图10–17

大型水族馆
香港海洋馆的海底隧道至今仍是观光者们津津乐道的话题，但是如果在南海的岛礁上设计一座大型水族馆，并建立海底隧道，将会更为壮观——水深10—20米且少有风浪的潟湖是建海底隧道的最佳场所。置身隧道，便如亲临海底，你的四周将会被各种热带独有的珍稀水生物和琳琅满目的珊瑚礁充斥着。
潜水钓鱼
香港一位顶级潜水师曾告诫一些初级的潜水爱好者，不要对南海的每个岛礁掉以轻心，"其难度远高于人们想象"。也因此，这里常年吸引着来自各地的潜水爱好者。假如在岛礁上设立潜水及海钓场所，一定大受追捧，尤其是那些海钓者。往外，他们可以此为基地，前往深海处寻找金枪鱼、吞拿一类名贵鱼类；闲时，他们则可在风平浪静的潟湖内，相对容易地钓到很多特殊鱼种，并且，因为海水的高透明度，人们可以清晰地看到它们在水下的活动。
度假酒店
这样一个远离尘嚣、海水透明度不亚于马尔代夫的热带岛屿，是很多人梦寐以求的度假胜地，如果在岛上设计度假酒店，一定备受推崇。但在我们的设想中，这里的度假酒店应该有别于马尔代夫那种强调私密性、位置隐蔽的度假村，而应是一个高层的度假式酒店。如此，则既可使低层房间享用度假村式的静谧、私密，又使高层房间成为天然的观景台，可以遥望到远处无边无际的透明海水，也鸟瞰到远远近近各富特色的岛屿。

黄岩岛的未来

南海珊瑚环礁潜水休闲度假中心想象图
这是一张想象图，是我们理想中的南海珊瑚礁潜水度假胜地。在南沙和西沙，有许多岛屿都能开发成这样的度假地。我们选择的是一个美丽的环形的珊瑚礁岛，因为只有环礁才能围出一个风平浪静的潟湖，适宜泊船及休闲。环礁有开口，供海水进出。潟湖中间的海水呈浅碧色，清透似琉璃。周边的海水则是蓝色的，这蓝色由最初的澄净向外渐次加深到深湛，极有层次。从空中看，这种环礁珊瑚岛就像是在蓝丝绒上托着的一块翡翠。环礁上修建有飞机跑道，可供小飞机起落，岛上修建有酒店及颇具风情的小木屋，岛上还有风力发电设施及人工渔场，为小岛提供能量及后勤保障。在这里，最吸引人的活动是潜水，你可以探访美丽的珊瑚、海豚，没准还会遇上珍稀的锤头鲨。当然，你也可以在潟湖或海边垂钓、发呆，看蓝色的飞鱼在水面上划出优美的弧线。
绘图／力方国际数字科技有限公司
谢建英　蔡卓梁　胡涛

图10–18

潜水度假设想图

图10-19

图10-20

海军俱乐部：进行水面舰艇训练、军事培训、海军夏令营、潜水、蛙人的培训，都是非常好的地方。

对于一个领土主权，首先要有人气，有人可住；有财气，要建立人可以形成来往、生活的经济圈；要有士气，固化恪尽职守有誓死捍卫领土的决心……建设一个基础扎实、设施完善、行政有效、经济繁荣、旅游发展的新南海。

一定要注意环境保护，捍卫蓝天净水。倍加爱护礁石、水草、珊瑚、生物。垃圾集中分类，运回大陆统一处理。严格处理废弃物、生活垃圾、污水。应严格立法，奖惩到位。永葆南海天堂之美。

（5）如今南海的防卫已大大改观，南海将士威武的雄姿，见图10–21、图10–22。

集合了蓝天碧海、珊瑚银滩等纯美自然景观的西沙，在守岛战士们看来，就是由墨绿、幽蓝等无数色彩铺陈的画卷。尤其是裸露在水面上的白色沙粒和浅滩里形态各异的珊瑚花，更是这幅画卷里最容易让人亲近的细节。图10–23为守卫南海岛礁的战士。

南海将士们站在了南海水晶板上，守卫着颗颗南海“宝石”，他们也融入了美丽的画卷中，他们心中升起了保国卫家的崇高念想。

图10–21

图10-22

图10-23

这里还有孜孜不倦的地质、地理、新闻工作者，为保卫南海正在做出自己的贡献。

很遗憾不能将对南海做出贡献的先辈、专家学者、军官、牺牲的士兵，有功渔民一一列举出来，祖国人民向你们致敬以崇高的敬意。

图10-24是放置“主权碑”时施放者吴立新特意为自己拍摄了一张“工作照（摄影/马宏杰）”，以纪念这一有着特殊意义的行动。南海三亚基地，业已建成，可以停靠航母，南海这一嵌满宝石的水晶板，必将全部回到祖国的怀抱。图10-25是南海舰队的雄姿。

主权碑

图10-24

图10-25　南海舰队雄姿

南海问题的最终解决，是尽早形成南海人工岛链工程的关键。充分发挥我国特有的优势，形成经济、军事的合力，并采取区别对待，一对一解决存在的问题，使我国领疆早日回归祖国的怀抱。

有关南海等问题的深入探讨（如中印边境、菲律宾、越南、日本及美国等）请查阅本书作者的博客。http：//blog.sina.com.cn/u/5038605192吴老师博客内容中的“《中国未来十大工程》拾遗”。

参考文献

[1] 珊瑚海. 黄岩岛：露出的仅是一点点. 中国国家地理，2012（6）
[2] 陈俨，凤凰. 最美丽的影像在西沙. 中国国家地理，2010（3）
[3] 高宏松，陈俨. 南海科考的难忘瞬间. 中国国家地理，2009（10）
[4] 单之蔷，吴立新. 南沙日记. 中国国家地理，2010（10）
[5] 中国地图社. 中国地形图. 北京：中国地图出版社，2011
[6] 李全明. 南海争端与国际海洋法. 国家海洋局发展战略研究所“专属经济区和大陆架”
[7] 单之蔷. 毒领土. 中国国家地理，2012（6）
[8] 张恒. 南海在下一盘很大的棋. 看天下，2011（6）
[9] 高欢. 中国打造南海基地链. Plan Notepad，2006（6）
[10] 韩爱红. 能源安全：国之命脉. 中国政协，2012（19）
[11] 萧关. 黄岩岛的各种未来. 中国国家地理，2012（6）
[12] 谢建英，蔡卓梁，胡涛. 南海珊瑚环礁潜水休闲度假中心想象图. 中国国家地理，2010（10）
[13] 刘明光. 中国自然地理图集. 北京：中国地图出版社，1984
[14] 中国地图出版社. 海南省地图册. 北京：中国地图出版社，2012
[15] 易树柏. 国家版图知识读本. 北京：中国地图出版社，测绘出版社，2012
[16] 星球地图出版社. 海南省三沙市地图. 北京：星球地图出版社，2012
[17] 王静爱. 中国地理图集. 北京：中国地图出版社，2009